专著系湖南省哲学社会科学基金一般项目
“一带一路”背景下电视节目运营管理创新研究（编号：17YBA095）

新媒体运营管理研究

王晓霞　著

中国言实出版社

图书在版编目（CIP）数据

新媒体运营管理研究 / 王晓霞著. -- 北京 : 中国
言实出版社, 2021.12（2023.3 重印）
ISBN 978-7-5171-3969-0

Ⅰ. ①新… Ⅱ. ①王… Ⅲ. ①传播媒介－经营管理－
研究 Ⅳ. ①G206.2

中国版本图书馆CIP数据核字（2021）第 257940 号

新媒体运营管理研究
责任编辑：史会美
责任校对：王建玲

中国言实出版社
地址：北京市朝阳区北苑路 180 号加利大厦 5 号楼 105 室（100101）
编辑部：北京市海淀区花园路 6 号院 B 座 6 层（100088）
电话：64924853（总编室）　64924716（发行部）
网址：www.zgyscbs.cn
E-mail：zgyscbs@263.net

经销：新华书店
印刷：三河市海新印务有限公司
版次：2021 年 12 月第 1 版　2023 年 3 月第 2 次印刷
规格：710 毫米 ×1000 毫米　1/16　13 印张
字数：208 千字

定价：40.00 元
书号：ISBN 978-7-5171-3969-0

前言 PREFACE

进入 21 世纪以来，随着数字化、信息化技术的日渐成熟，各个媒介之间的界限越来越模糊，我们已经进入一个“媒介融合”的时代。在媒介融合的背景下，很多新媒体产业快速发展。一方面，新媒体市场的竞争改变了传统媒介生态，同时带动了一场激烈的传媒产业革命，相关产业也随之变革、转型和融合；另一方面，社交网站、微博、微信等社会化媒体的出现，不断改变着人们的思维方式和生活习惯。

新媒体越来越广泛而深刻地影响着我们的生活，而我们对新媒体的研究也不断深化，研究领域涉及科技、经济、政治、社会、文化等方面。除了聚焦传播形态给新媒体带来的各种影响之外，从组织的视角去分析新媒体运营者的战略设计、资源配置、经营运作、竞争合作等也是非常必要的。

本书共分为 6 章，其中包括：新媒体概述、新媒体运营模式概论、新媒体盈利模式分析、新媒体营销模式分析、新媒体管理策略分析、传统媒体的战略转型。具体来说，本书从新旧媒体的概念、比较及新媒体的未来发展趋势入手，较为系统地研究了新时代我国新媒体的运营与管理工作，力求为我国新媒体的发展和改革，提供一些有价值的思考。

本书在写作过程中参考引用了许多专家、学者的研究成果，在此表示衷心的感谢！尽管作者本着严谨的治学态度和高度的工作热情撰写本书，但书中仍可能存在一些不足之处，敬请广大读者批评指正。

王晓霞

2022 年 3 月

第一章 新媒体概述

第一节 新媒体的内涵

一、新媒体的概念

媒体是信息传播的媒介和载体，包含我们熟知的报纸、杂志、广播、电视、互联网等。新媒体，从字面意义上看，就是新产生的媒体。新与旧是相对的，唯有与历史相参照才有所谓的“新媒体”。因此，对新媒体进行定义必须要加一个时间限定。因此，毕晓梅强调纵向历史的视角，把新媒体放在特定的历史语境、特定的阶段中，使新媒体获得了相对稳定的内涵与外延。

就内涵来说，新媒体之所以称为“新”，是与传统媒体相比较而言的，是依托于新的信息技术支撑体系，包括互联网技术、数字技术、移动通信技术等，应用互联网、宽带局域网、无线通信网、卫星等载体，以及电脑、数字电视、手机等终端设备，向用户提供信息服务和娱乐服务的媒体形态。

就外延来看，新媒体是能够在全球范围内即时互动传播信息的大众媒体，主要包括互联网和以手机为用户终端的无线通信平台。当下新媒体依托数字技术、互联网技术、移动通信技术等产生出一系列的媒体工具，有的属于新的媒体形式，有的属于新的媒体硬件、新的媒体软件或新的信息服务方式，例如，智能手机、5G网络、微信、微博、社交网站、购物网站、网上金融服务等。未来的新媒体也越来越趋向于“移动多媒体”，报纸、广播等传统媒体也充分认识到自身发展的局限性，与新媒体日渐融合。基于广播电视网、移动通信网、互联网的三网融合等新媒体技术的发展，普通大众的生活方式、娱乐方式迎来了革命性的改变。

新媒体是一个相对的概念。新的媒体与旧的、传统的媒体相区别，其信息传播形态必然有一些自身的特性。在报纸、杂志、广播、电视等传统媒体的信息传播形态中，信息传播的方向是单向的，传统媒体是信息的发布者、享有者，而普通大众是信息的被动接受者。传统媒体和普通大众在获取信息上存在先后顺序，造成了二者在信息传播上的地位不平等。信息在传统媒体中的传播是滞后的，信息载体形式过于单一。传统媒体的信息传播主要面向普通大众，无法满足某个人或某一类群体的个性化需求，也无法满足他们对专业领域较深层次信息的需求，而新媒体是既能够面对大众又能够提供个性化内容的媒体。新媒体中，信息的发布者和信息的接受者处在平等的地位，信息的接受者往往又是信息的提供者和发布者，并由此产生了自媒体概念。新媒体中的信息传播是交互的、即时的、具有个性化的，载体形式是延展与融合的超文本多媒体化。

二、新媒体的本质

既然称为新媒体，就必须有体现“新”的地方，如采用新技术，体现出新形式，以及蕴含新理念。就这三方面来说，理念上的“新”尤为关键。

也有很多人认为，只要某个媒体可以进行互动性操作，那么就可以被称为新媒体，其实这种观点是存在偏差的。因为并不是所有的新媒体都必须满足互动性要求，虽然互动性是一部分新媒体的显著特征，但不应该将其视为新媒体的必备条件。

基于这种观点，新媒体需要满足四个条件，如图 1-1 所示。

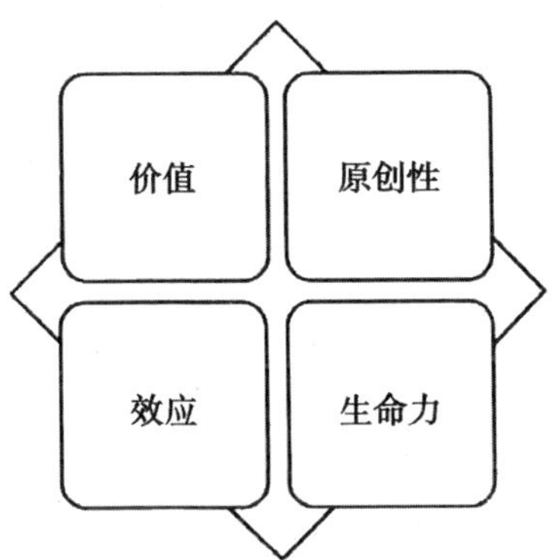

图 1-1　衡量新媒体的四个关键点

（一）价值

媒体是指在传播过程中在信源与受信者之间承载并传递信息的载体。这种载体是有价值的，因为受信者需要通过载体获知信息，而信息传递需要满足一定的时间及空间条件，这些都是媒体本身的价值所在。

除了作为载体与工具所具备的价值之外，媒体所承载的信息的价值也是其价值的一部分，这两者共同构成媒体的存在价值。虽然从理念层面上来说，经过科技改造完善的媒体也会吸引部分受众，但事实上，这些受众实现的经济效益根本达不到媒体的成本消耗水平，自然也就不能成为媒体价值的一部分。

例如，在移动互联网时代，市场上的媒体种类不断增加，新颖的媒体形式层出不穷，然而只有极少数是没有被市场淘汰的。究其原因，其中一部分是因为模仿已存在的理念，仅通过新包装来吸引受众，还有一部分是因为理念超出多数人的认同范围。究其原因，主要是未谨慎研究用户形态，导致最终研发的媒体在价值体现上不够显著，抑或不能满足消费者实际需求。

（二）原创性

具备原创性是最能体现新媒体之“新”的地方，这一点也是新媒体必须满足的。新媒体的原创性，并不是指由个人或团队独立研发出来的，而是指在时代发展的基础上，在某个时间段里研发出来的创新型媒体，其创新不仅体现在形式上，更体现在理念及内容上。

例如，分众传媒属于新媒体发展的范畴，体现出了原创性。它的原创性在于，在某段时间内，根据时代特征诞生新的理念，对传统媒体形式进行全新的应用。分众传媒产生之后，很多聚众传媒随之而来，它们也都属于新媒体的范畴，因为聚众传媒的概念也体现出理念层面上的原创，即便其与很多媒体在应用过程中有很多相似性。

（三）效应

所谓效应，指的是由某种动因或原因发挥作用产生的科学现象。新媒体应当能够产生某种效应，也可以说，新媒体应当能够使其所在的环境发生新的变化，意即新媒体能够对处在特定环境中的用户在视觉或听觉上产生作用，最终产生某种特定结果。

我国于 20 世纪末开启了互联网发展的历史大门，这种信息传播工具的出现产生了显著的作用(效应)。网络的应用在很多方面改变了人们的生活状态，最终导致相关结果的产生。如今这种效应还在继续蔓延，新媒体也有可能在未来跻身主流媒体行列，突破新媒体的概念限定，毕竟任何一种概念都不可能在发展过程中一成不变。

(四)生命力

生命力是所有媒体生存与发展的基础，新媒体也不例外。媒体在其存在过程中会体现出相应的价值，从其价值诞生到结束的时间被称为生命周期。随着移动互联网的发展，我国的媒体也处于高速发展阶段，在细分思维的作用下，众多媒体形式不断涌现出来。

然而，仅在技术应用和形式方面体现出创新是不够的，如今的市场竞争越来越激烈，在竞争中败下阵来的媒体形式并不在少数。这些媒体形式之所以被淘汰出局，是因为经营者没有认清媒体的本质及核心价值，一味地简单模仿，媒体没有体现出足够的生命力。

例如，在交通工具或是公共场所投放的视频广告，确实能够产生效应，也能体现出媒体的价值，也就是说它在特定时间内体现出生命力，因此其属于新媒体的范畴。不过具体到特定经营方来说，其执行状况与创新能力都会影响企业的最终发展趋势。

除此之外，其他一些因素也会对媒体的发展产生影响，不过就目前来看，通常可以用以上四个因素来判定某个媒体形式是否为新媒体。对于新媒体来说，以上四个因素缺一不可。另外，这四个因素是普遍意义上的，无论是形式上还是技术层面或理念层面的创新，都包括在以上四个因素中。

换个角度来说，并不是应用新技术的媒体形式就可以称为新媒体，也并不是采用了新技术就一定能体现出媒体价值。

有些概念也很容易混淆，例如，随着互联网在我国的不断普及，人们的生活也在潜移默化地发生着改变，在某些情况下，网络已经突破了新媒体概念的限制。但是，还有一些在网络作用下诞生的信息载体或工具，或者网络领域一些特定的媒体形式，也属于新媒体范畴，如微信朋友圈、微博、短视频等，它们也在特定的时空产生了效应。

三、新媒体的类型与特点

（一）新媒体的类型

随着科技的发展，人们对信息的需求瞬息万变，新媒体以不同的形式出现在人们的视野中，如移动电视、IPTV、数字电影、数字电视、数字杂志等。

可以依据理念、形式或关注度对新媒体进行简单区分。

1. 按照理念来区分

按照理念可以将新媒体划分为受众细分类型和受众广泛类型。

（1）受众细分类型，如楼宇媒体、社区场所内媒体、医院场所内媒体、娱乐场所内媒体以及基于移动端的各类媒体等。

（2）受众广泛类型，如巴士、地铁内的视频，网络媒体视频，卖场内的视频，人口聚集处的互动网络媒体终端等。

2. 按照形式来区分

按照形式可以将新媒体划分为户外媒体和无线形式。

（1）户外媒体，如楼宇、社区、公交车视频等。

（2）无线形式，如彩信、基于移动端的各类媒体和网络。

3. 按照关注度来区分

按照关注度可以将新媒体划分为被动关注和主动关注。

（1）被动关注，如楼宇、电梯和手机短信。

（2）主动关注，如博客、微信、微博、网络互动和电视购物。

（二）新媒体时代的特点

研究新媒体时代的特点，首先要弄明白一个问题：何为新媒体（New Media）？对于新媒体及其时代的界定，学者们可谓众说纷纭，各有道理，至今没有一个定论。清华大学的熊澄宇教授认为：“新媒体是一个不断变化的概念。在今天网络基础上又有延伸，无线移动的问题，还有出现其他新的媒体形态，跟计算机相关的。这都可以说是新媒体。”

1967年，时任美国哥伦比亚广播电视网（CBS）技术研究所所长的P·戈尔德马克（P. Goldmark）率先提出新媒体的概念。首先，他认为新媒体是一个相对的概念，是区别于传统媒体（广播、电视、报纸、杂志等），在传统媒体以后发展起来的一种新的媒体形态。

人们对“新媒体”的认识是逐步实现的。随着网络、手机、移动电视的出现，“新媒体”的概念开始使用。1993年，在美国实施“信息高速公路”时，“网络”这一概念开始提出。在早期的一些研究中，虽谈及新媒体，但大多仍沿用网络这一特定的概念，把新媒体理解为“新媒体时代互联网”，对新媒体的认识不够深入。人们对新媒体的认识随着研究的不断深入而逐渐深化，徐振祥认为，新媒体的数字技术特征包括以数字的方式展示、模块化和自动化、可变性和转编码性、开放性和交互性、个性化和虚拟化。肖学斌指出，新媒体是新的技术支撑体系下出现的媒体形态，如数字杂志、数字报纸、数字广播、手机短信、移动电视、网络、桌面视窗、数字电视、数字电影、触摸媒体等。阚宝奎认为，新媒体不仅仅是新技术的罗列，更是一个建立在网络技术之上的广泛传播信息的平台。从“网络”到“新技术”，再到“平台”的概念，说明研究者对新媒体概念的认识逐步深化，并逐渐开始触碰新媒体概念的核心与新媒体环境生成的要旨，研究视野变得越来越开阔。

（三）新媒体的特点

由上述新媒体的概念可知，相对于传统媒体而言，新媒体是一个动态的、不断发展变化的媒体形式，它与时代发展的主流相互融合，与社会环境相互交织在一起，在当今时代逐步形成了一些新特点，同时促进了自身的发展与创新。

1. 即时性

在信息发布过程中，新媒体流程短，受制约的因素很少，因此，其信息传播迅速、便捷、灵活，发布的信息拥有很强的即时性与时效性。手机媒体因打破了地域、时间、空间的限制，其即时性和实效性得到更好的体现，人们随时随地、随心所欲地传递各种信息的愿望得以实现。另外，覆盖全球的通信网络使得我们可以在任何时间、任何地点编发短信息，即使对方当时处于关机状态，也可以在手机开机后立即收到信息，这种即时性特点是传统的电视和报纸等媒体形式所不具备的。手机本身小巧玲珑，可以随身携带；同时，手机等新媒体都兼具纸质媒体（传统媒体，如报纸、杂志、期刊等）的特性，信息可以随时随地被反复地观看而不受时间的限制，这大大提高了信息的即时传递率，这些都确保了新媒体即时性的特点。

2. 互动性

与传统媒体相比，新媒体具有人际传播与大众传播的双重功能，具有更强的参与性与互动性。在新媒体环境下传播信息，个人既是信息的传输者，同时又是信息的接受者。在信息的传播过程中，个人既是信息的加工者，同时也是信息的传播者，还能够根据反馈的变化及时进行调整和改进。比如一场足球赛，由于观众所支持的球队不同，关注球赛时他所注入的个人感情就不同，在向别人传递该项赛事的过程中，必然会自觉或不自觉地融入一些个人因素，因此，个人变成了信息的加工者，再向别人传递该比赛的信息，他又成为信息的传播者。此外，目前微博互动平台已经成为各项赛事的一大亮点，比赛过程中人们可以在互动平台上发表个人意见，选择自己所支持的球队、球员等，这充分诠释了新媒体所带来的巨大优势。而这些特点是广播、报纸、电视等传统媒体所不具备的。

3. 开放性

传统媒体的开放性特点并不突出，人们大多以接受者的姿态去面对广播、报纸、电视等媒体形式传播的信息。而随着新媒体的出现，信息主体的话语权随之转移，人们可以自由地表达观点，从严肃的国家大事到日常生活的家长里短，从问候祝福再到段子笑话，新媒体平台上的信息内容包罗万象，应有尽有。因此可以说，新媒体是产生于后现代文化语境之下的现代社会的流行文化、大众文化、社会生活文化的最佳载体，它打破了传统的精英文化和大众文化的界限，使得高雅文化与低俗文化可以自由共处，既体现出了新媒体背景下文化的复杂多元与巨大的包容性，又充分诠释了新媒体具有开放性这一论断。

4. 个性化

新媒体是一种个性化很强的新的媒体形式。与传统报纸、广播等媒体的循规蹈矩不同，无论是新媒体信息的选择与消费，还是信息的制作、加工与传播，都展现出了浓厚的个性化色彩。人们可以打电话报平安，也可以发短信送祝福，可以发微博晒自己的结婚照，也可以发朋友圈晒自己的生活片段，更能QQ聊天联络感情、用微信与朋友畅谈人生……微博的随时随地、论坛的畅所欲言、微信互动平台的欢快和谐等特点，充分诠释了新媒体的个性化特点。这些个性化的特征，表明新媒体在当今时代的影响下，已经逐步适应了社会发展的需求。这种符合时代潮流的新生事物往往很容易成为年轻一代追捧的对象，因为在他们看来，这是一种高雅的时尚。这种不断推陈出新的表现方式，充分迎合了当代大学生追求时髦、个性张扬、不甘囿于传统形式的心理需要，成为年轻人中最普遍、最流行的交流方式。新媒体个性化的特点，是传统媒体无法企及的一个高度。

5. 聚合性

新媒体兼备聚合性的特点，如手机短信、QQ的群发功能，微博的互动、转发功能，微信朋友圈的微群组、朋友圈功能，各类网站的专题链接功能等。人们为了追求更好的表达效果，英文字母、标点、数字、图形、图像等各种符号在消息中被广泛利用，再时不时地插入一些动画、声音、照片、表情等，使得原本简短单一的信息，变得表意更为丰富、更为简洁、更加耐人寻味。经过“包装”的常规信息成为寓意丰富的、科技含量高的新媒体式的信息。传统媒体向人们传递信息时，最多附有图片，不可能兼备动画、配音等综合效果，但这些却是新媒体所具有的聚合性特点的优势所在。

6. 广泛性

作为一种大众化的传播方式，新媒体技术的门槛很低，几乎任何使用它的用户都能够轻易地实现传播的功能。新媒体传播的分散性、大众化、广泛性，达到了目前其他传播媒介无法企及的高度。无论在哪个新闻网站阅读新闻，所看到的新闻相关的信息链接都非常广泛。例如，在网上搜索一个名人，关于他的家庭背景、受教育程度、从事的行业、取得的成就、近期的相关信息，甚至一些八卦消息、个人隐私等内容，无一不有。在网络上查看一则新闻时，若该新闻中提及一些专有名词，这些名词都有链接，打开链接，就可以查看到和这则新闻相关的内容。新媒体的广泛性由此可见一斑。因此，不论从信息的深度、广度、发散度中的任何一个角度来说，新媒体都远远胜过了其他的传统媒体，而这也从另一个角度证实了新媒体是随着时代的发展而不断变化、不断进步的。

第二节　新媒体带来的变革与未来发展趋势

一、新媒体带来的变革

无论从技术层面还是人类文明的发展历程来说，新媒体都是一场重大的变革，它会作用于经济领域并使之呈现出新的面貌。这里需要明确的一点是，除了特定的媒体形式可以称为新媒体外，网络覆盖下的传播媒体领域也都属于新媒体，甚至可以将其范围拓展至整个信息环境，其表现形式并不是单一的。

如今的新媒体发展得越发迅速，可以预见，新媒体对经济发展的影响也会更加明显。经过分析，未来新媒体将发生以下六个方面的重大变革。

（一）使未来变得量化和可计算

随着科技水平的不断提高，人们会对自己所处的环境有更深入的了解，逐渐学会应对各种变化和危机。如今，人们身处各式各样的社会化媒体的包围中，加上物联网的持续发展，用户之间、用户与各种设备之间进行互动更为方便，大大缩短了事物之间的距离。

另外，大数据分析技术和云计算的应用使人们能够从容置身于信息充斥的大环境中，在领先技术的强大辅助下，人们可以逐渐对未来社会作出预测，所有东西都可以进行量化和计算。随着信息技术的高速发展，我们的生活变得更加方便、快捷，具体表现在以下几个方面。

（1）当面对某个问题无法下定决心时，智能决策系统会在分析各种措施后帮助其找出利益最大化的一种方案。

（2）健康监测体系实时监测身体健康状况，同时将信息发送给医疗人员，人们可以掌握自己的身体健康状况，一旦出现问题能够及时就诊。

（3）对政府机构而言，运用领先的数据分析技术，能够更好地掌握大众的信息反馈，对当前的经济走势和社会状况作出科学的判断，在应对自然灾害、疾病蔓延时可以进行准确的量化分析，进一步完善政府的服务水平。

（4）对商家来说，运用大数据分析技术，可以进一步掌握用户需求，据此规划商品的生产并进行形式多样化的营销。

（二）将虚拟与现实进行融合

随着移动互联网的发展，形式多样的移动终端（iPad、智能手机等）满足了用户的交互性要求，使人们的感知能力突破了自身限制。可以预测，在多种多样的智能可穿戴设备推出后，人们的感知能力将得到进一步提高。可以说，新媒体的应用在帮助人们进一步认识社会的同时，也使很多不可能变为可能。

最典型的例子是，人们运用虚拟现实技术构建了如同现实生活的虚拟空间，身处在虚拟空间里的用户如同身临其境一般。这种虚拟空间并不是脱离现实世界的，它与我们当前的现实生活有着多方面的联系。从某种角度来说，它是对现实空间的模仿，又是对现实空间的升华。

在虚拟空间中，用户如同身处一个真实的空间里，同时能够无限拓展自身的能力而不受外界的限制，实现在现实生活中做不到的事。如今，虚拟空间技术的应用范围不断拓展，人们现实生活中的经济活动、处事习惯甚至情感和情绪反应都有可能移植到虚拟世界中，未来虚拟空间会更加接近人们的现实生活。

（三）推动社会结构的变革

新媒体也会作用于当前人们所采用而且已经习惯的社会结构。互联网技术的发展及物联网的应用从多方面改变着人们的社会生活。

在这种情况下，之前的社会组织形式逐渐瓦解，人们之间的互动不再局限于地域限制，而是将共同的价值观、共同利益等作为构建集群的衡量标准。这种社群与传统社群组织形式存在很大差别，原本森严的等级性被削弱，个体的地位得到提高，是一种趣缘类组织形态。

虽然新媒体与传统社会结构存在很大的差异，但越来越多的人对新组织形式的独有特性表示认可，其开放性与平等性也影响着人们的日常习惯。网络用户逐渐习惯于通过线上平台来表达自己的观点，参与集体互动。

所以说，在移动互联网时代，相较于传统社会中人们对资源和资本的重视，如今的人们可能将更多的注意力放在知识竞争和信息竞争上。

（四）催生新的商业模式

一场前所未有的科技革命在新媒体发展的推动下席卷而来，使多数企业的商业模式发生了变化，用户需求也呈现出鲜明的个性化特点。除此之外，人们对某些商品提出了更高的要求，即期望购买的商品能够满足其情感诉求，而不仅仅是具备基本的实用功能。

因此，商业经营模式随之发生变化。商家为了在激烈的市场竞争中不被淘汰，就要更加注重消费者的个性化需求。随着3D打印技术的广泛应用，制造商可以根据用户的特定需求进行商品生产，即私人定制。另外，网络支付渠道的打通让更多商家采用O2O模式，零售业也颠覆了传统的经营模式。

此外，与传统形式拉开距离的还有企业形态。经营过程中的独特性、创造性思维的应用和专业技能会对企业走势产生更大的影响。在明确消费者需求的前提下，应用大数据分析技术和云计算不断完善企业的组织形式，同时提高运作效率。企业组织形式会逐渐向专业化及柔性化方向发展。

（五）改变知识与智能的传播方式

新媒体的应用改变了传统的信息传播方式，课堂教授的传统学习方式正在被娱乐学习、在线教育、移动微型学习等新型教育方式取代，将知识内容包含在游戏里，或者以图片、视频等多媒体形式呈现出的信息具有更好的教学效果。用户可以充分利用生活中的零散时间，边学习边实践，知识的传播方式的选择性更多。另外，人工智能技术的普遍应用也可以将全球范围内的智力资源集中于线上平台，实现智力资源的整合化利用。

此外，还可以使这种人工智能以独立形式存在，并在此后的发展过程中进行累加与传播。在不久的将来，可以在世界范围内进行信息与智力资源的传播与整合，届时社会生产生活方式将发生巨大的变化。

（六）促进人类个体和群体的变化

新媒体不仅能够传播信息，还在满足用户需求的基础上不断进行完善，更符合人们的情感需求。新媒体在发展过程中对人体功能（视觉、听觉或行为习惯）进行了模仿、移植和进一步的延伸，甚至不排除最终与人体功能融为一体的可能。

另外，随着新媒体的不断演变，人类的行为习惯和生理功能可能会颠覆传统，最终从多方面改变人们的进化历史。

（1）网络搜索功能的不断完善，为人们获知信息提供了方便。

（2）智能决策系统可以使人们在面对难题时不再难以决断。

（3）键盘输入及语音识别技术的应用会使人们逐渐改变手写习惯。

（4）网络社交、线上平台的应用方便了人们的日常生活，对网络平台的依赖会逐渐对人们的行为能力产生影响。

二、新媒体的发展趋势

互联网的高速发展不仅为人们的生活带来了深刻的变化，同时也为借助互联网崛起的网络传媒带来了变化。网络传媒从诞生至今已经历了三个发展阶段：门户网站和博客；视频和客户端；以微博及微信等为代表的社交媒体。

在传媒模式经历变革的同时，借助移动互联网发展的东风崛起的新媒体开始频繁出现于人们的视线中，36氪、虎嗅网、雷锋网……各种新锐媒体的出现开始颠覆人们对媒体行业的认知。

尽管新媒体以一种强势的力量冲击了传统媒体的地位，但不可否认的是，传统媒体在媒体行业中依然占有重要的地位，很多门户网站的新闻内容，基本都源自报纸、电视、广播等传统媒体，在微博、微信等社交媒体平台上发布的内容也离不开传统媒体对内容的深入挖掘。

在移动互联网时代，新媒体与传统媒体是一种相互依存的关系，但新媒体不仅从根本上改变了新闻的报道及传播形式，同时也为人们提供了一种更加便捷的信息获取方式。其中，以微信为代表的移动社交平台，作为一种主流的传播方式在信息传播中扮演着日益重要的角色。

（一）新媒体抢占用户碎片化时间，移动社交化成为新媒体趋势

移动互联网的发展为移动新媒体提供了一个有利的成长环境，但是也带来了巨大的挑战。

在PC时代，用户一般都有比较固定的信息浏览时间，而随着移动互联网的发展及智能手机的不断普及，用户可以不用专门抽出固定的时间来浏览信息，浏览信息的时间呈现出日益碎片化的趋势。用户在等车、就餐、起床前、睡觉前、上洗手间等一些碎片化的时间里就可以通过各种社交平台来了解新闻资讯及朋友的动态。因此，移动新媒体的出现，将就用户的碎片化时间展

开激烈的争夺。

中国互联网络信息中心（CNNIC）2021年8月发布的第48次《中国互联网络发展状况统计报告》显示，截至2021年6月，我国网民规模达10.11亿人，手机网民的规模达到了10.07亿人，网民使用手机上网的比例为99.6%，手机已经成为绝大多数人浏览信息时的首选。

各类移动阅读应用的层出不穷，让越来越多的用户开始将更多的注意力放在移动终端。移动社交媒体的崛起，让用户的社交、沟通、阅读及分享等行为都逐渐走向移动化，人们可以随时随地地进行沟通、阅读、分享，甚至开展社交活动。各种热点资讯、新知识的分享等开始越来越多地呈现在移动社交平台上。

在众多的移动社交平台中，微博、微信凭借其强大的用户基础及信息传播速度快等特点和优势，受到广大用户的欢迎，各种信息通过评论、点赞及转发分享等方式得到迅速传播，不仅增强了用户参与信息传播的积极性，而且也使信息传播的速度和广度以成倍的速度扩张。

随着移动新媒体的出现，用户注意力的切换速度也在不断加快。有数据显示，有些用户每小时能切换36次应用，这也就意味着用户几乎每2分钟就会切换一次应用。

注意力的分散使得许多用户变成了浅层阅读者，对于大量的新闻资讯往往是一带而过。

对于部分用户来说，迅速浏览新闻资讯并不意味着放弃对深度内容的阅读，每天多次打开新闻客户端的用户更倾向进行深度阅读。因此对于新闻客户端来说，创作有深度的内容也是很有必要的。用户对浅层阅读与深层阅读的多元化需求，意味着移动新媒体在进行内容编排时要注意轻资讯及深度资讯的合理组合。

移动新媒体集社交关系、内容及服务于一体，为人们创造了一种新型的传媒方式，而新媒体的移动社交化方向也使得新闻资讯的获取朝着社交深化的方向不断发展，新闻信息的入口也将迅速地转移到社交平台上。

（二）新媒体趋势：资讯视频化时代到来

过去依靠简单的文字或图片展示就可以获取各类信息，而随着互联网及移动互联网的发展，各种庞杂的信息已经不能单纯靠文字及图片展示等方式来输出，因此，视频展示形式应运而生。

相对于文字、图片或语音，视频在信息表达方面拥有其独特的优势，可以更直观、形象地展示信息，从而加深人们对信息的认知和记忆。而且利用视频这种展现形式可以更深刻地影响用户，这也就促进了移动视频的飞速发展。

移动互联网覆盖率的不断提升及各种移动智能端的层出不穷，使得智能手机成为大多数网民上网的重要工具。用户通过智能手机利用碎片化时间就可以实现跨屏连续观看视频，因此在移动视频应用上停留的时间大幅提升。

移动视频的兴起也推动了移动视频付费时代的到来。对于一些聚合类的移动视频应用，用户只要付很少的会员费就可以观看热门电影，而这种会员收费制度未来将会得到更多视频用户的认可和欢迎，会费也将成为未来移动视频的重要收入来源。

移动新媒体时代的到来，带来了一种新的媒体传播模式，旧模式势必面临挑战，而国内许多主流的新闻门户已经洞察到了这一趋势，并且开始踏上了推动资讯内容实现移动视频化的进程，以便更好地适应市场的变化，满足用户的需求。此外，从文字到视频的转变也顺应并满足了移动互联网的发展要求。

各种新媒体的出现和成长，推动了移动新媒体时代需求的多元化发展。在丰富的移动社交需求的推动下，移动社交新媒体的传播模式将迅速发展起来，并将加速公共信息传播方式及模式的变革。

移动社交媒体在获得发展机遇的同时也会面临一些可持续化的挑战，例如，国家政策及社交平台的变化将直接影响到移动社交媒体的发展，而且移动社交媒体的轻量化及内容设计也需要不断地进行优化。此外，由于移动互联网具有开放性的特征，移动社交媒体在发展过程中应该具有较高的自我规范及约束性，从而保证移动社交媒体可以平稳健康地发展。

第三节　新旧媒体的比较与融合

一、新媒体的优势

与传统媒体相比，以网络与手机为代表的新媒体自诞生之日起，其独特的优势就表现得非常突出与强劲，但在众多的优势当中，最为明显的表现为以下几个方面。

（一）技术的数字化

传统媒体，要么以纸张为介质，要么以磁带和胶片为介质，信息虽然也能保存相当长的时间，但是往往有失真的现象，尤其是对于传统电子媒体来说，不仅在长时间的保存当中会失真，而且在信号传播过程中，其模拟信号也容易失真。相反，新媒体是以数字化技术为基础的大众传播媒介，以体积小、容量大的光盘、硬盘、云盘等为介质，以字节、比特为信息的最小单位，不仅信息的存储数字化，信息的传送与接收也数字化，所以，这从根本上保证了新媒体信息的稳定性、高保真与高清晰度。同时，数字化技术也是新媒体其他特征与优势的前提与保证。

（二）信息的海量化与共享性

由于传统媒体存储介质容量有限，如平面媒体受版面的限制、电子媒体受时间的限制，所以广大受众通过这些媒体所获得的信息也是有限的。而以数字化信息存储与传播的新媒体，却能在微小的存储介质（如光盘、硬盘、云盘等）里长时间保存海量的数字化信息，尤其在通过网线把世界各地单个计算机连接起来以后，所形成的国际互联网（Internet）上，所有联网和在线的计算机所存储的信息就变成了浩瀚无边的信息海洋，所有在线网民都可以在这个信息的海洋里冲浪。

从宏观上说，即使在传统媒介社会里，信息也是庞杂的，但是从单个的媒体信息容量来看，却是极其有限的，同时受众所能够获得的信息也是极为有限的。可是在新媒体社会里，不仅单个媒体自身存储的信息近乎海量，而且单个的媒体连接起来形成的网络里所拥有的信息更是汪洋大海。受众只要在线联机就可以在跨国界、跨疆域的有线或无线网络里分享彼此的信息，从而实现全球海量信息的共享，并且这种信息的共享是不受时间与空间限制的。尤其在P2P技术的支持下，出现了如BT和eMule等一大批的共享软件，使得新媒体的高度共享得以全面实现与普及。

（三）形式的多媒体与超文本

传统媒体的信息往往以较为单一的符号作为表现形式，例如，纸质媒体利用文字和图片传递信息，广播以声音传播信息等，而新媒体信息的保存、表达与传播，则兼容了文字、图片（表）、声音、动画、影像等多种传播符号。新媒体将传统媒体的各种优势集于一身，而且最大限度地实现了各种传播形式的“兼容并包”，不仅丰富了信息传播的手段，而且使受众的各种感官得以充分调动。

由于信息的数字化处理，新媒体不再像传统媒体一样以文本形式呈现和以线性形式组织，而是以多媒体形式展示，以超文本（以节点为单位）呈现，以超链接组织。每一个节点内的信息可以是文本、图像、图形、动画、声音或它们的组合，节点之间则通过关系加以链接，组织上呈网状结构。既便于新媒体海量信息的存储，又便于受众对信息的浏览与检索。

（四）使用的个性化与交互性

与传统媒体将同一信息同时向社会公众传播的大众传播不同的是，新媒体往往是个性化的小众传播。在以网络与手机为代表的新媒体传播中，受众可以根据自己的需要通过检索工具来选择信息，还可以自由地选择信息接收的时间、地点及信息的表现形式，甚至信息的生产与传播者还可以利用“信息推送技术”，根据用户的特殊需求提供订单式服务。

同时，新媒体也不再像传统媒体一样使用“你说我听”的单向传播模式，而是交互式传播。传统媒体按线性输出信息，让受众被动地接收以统一标准生产的信息产品，即使也通过热线电话、来信、来访等方式展开与受众的互动，但互动的频率一般比较低，且成本较高，而新媒体的互动则非常便捷，且成本低廉。新媒体不仅可以通过点击量来体现互动，而且可以通过留言和评论等方式来直接进行互动，甚至还可以通过在线提问和交流来实现互动。

除此之外，新媒体的交互性还体现在让受众直接参与信息的生产。信息生产的直接参与主要体现在发帖或上传自己所采集的信息方面，这不仅可以为媒体信息生产与传播者提供信息来源，而且常常率先发布一些消息，尤其是一些突发性消息或传统媒体难以采集的消息。

二、新旧媒体的融合

从整个大众传媒的演变过程来看，任何一种新媒体的出现都会引起新旧媒体之间的竞争，但在竞争的同时，新旧媒体又往往相互取长补短，甚至相互融合发展，并在融合中形成新的媒体，例如，语言传播与电报融合形成电话，电话与唱机融合形成广播，广播与电影融合形成电视。但是这些新媒体的出现并没有引起社会对媒体融合的关注，直到以网络与手机为代表的新媒体诞生，新旧媒体的融合才呈现出前所未有的规模与速度，并引发了全球性的新媒体革命。

（一）媒体整合的概念

自从美国麻省理工学院（MIT）媒体实验室创始人尼古拉斯·尼葛洛庞帝（Nicholas Negroponte）在 1978 年首次提出“媒体融合”（Media Convergence）一词以来，关于媒体融合的概念至今尚无定论，在种种定义中，最具有代表性的就是技术融合论、大汇流论、大媒体论、生产融合论。然而这些定义都是从特定的视角来界定的，并没有全面揭示媒体融合的内涵与外延。所以本书在综合已有的代表性定义的基础上，概括了媒体融合的本质特征。

1. 媒体融合的定义

（1）技术融合论。尼葛洛庞帝提出“融合”的概念：“所有的传播技术正在遭受联合变形之苦，只有把它们作为单个事物对待时，它们才能得到适当的理解。”他画了三个交叉的圆圈来代表计算机、印刷和广播三者的技术边界，认为三个圆圈的交叉处将会成为成长最快、创新最多的领域，并进一步认为广播和动画业、计算机业以及印刷和出版业三个领域将会逐渐趋于融合。也就是说，在计算机技术和网络技术两者融合的基础上，文件、对话、图片、音乐和影像等数字信息都可以使用一种终端和网络来传播，这就大大加强了不同媒体之间的互换性和互联性。虽然这在当时只是一种设想或预言，没有经过严格的论证与实验，但却在无意中指明了新旧媒体技术发展融合的方向。

（2）大汇流论。托马斯·鲍德温（Thomas Baldwin）、史蒂文森·麦克沃伊（Stevenson McAvoy）、查尔斯·斯坦菲尔德（Charles Stanfield）三位学者对新旧媒体的“融合”曾经这样解释：美国的《1996年电信法案》（Telecommunications Act of 1996）结束了电信、有线电视、广播和计算机业各自为政的局面而汇流到一起，产生了整合宽带系统（Broad-Band Communication Systems），开创了一个数字化的时代，继而引发了大汇流（Convergence），并进一步认为，“整合宽带系统”可以称为“全方位服务网络”（FSN，Full Service Network），其发展取决于信息源、设备和软件的设计者和制造商、网络的建造者和经营者及用户。其中，信息源一般包括电影、电视和音乐制作者，杂志、报纸及其经销商（包括广播网络和辛迪加经营者），广播公司，私营有线电视系统，游戏制造商，在线服务公司（Online Company）；技术设计者和制造商主要有计算机软件和硬件（数据处理）行业、电话和有线电视公司及相关设备的制造商。也就是说，信息传输渠道的“三网”融合引发了信息数字化和新旧媒体技术的融合，从而实现新旧媒体的融合。

（3）大媒体论。美国学者凯文·曼尼（Kevin Maney）在《大媒体潮》一书中对新旧媒体的融合是这样解释的：在传媒业不分领域的全面竞争中，传统的大众传媒业、电信业、信息（网络）业都将统合到一种新产业之下，这个新产业就叫作“大媒体业”（Mega-media）。同时，在大媒体业呈现爆炸性成长的同时，也会造成所有的企业都投入同一个市场的现象，不是与他人结盟，就是和过去从未竞争过的对象竞争，媒体内部出现“崩陷”的效果。也就是说，大众传媒业、电信业和信息（网络）业将实现融合，形成“大媒体业”。

（4）生产融合论。中国人民大学新闻学院的王菲对新旧媒体融合的解释是：媒介融合是在数字技术和网络技术的背景下，以信息消费终端的需求为指向，由内容融合、网络融合和终端融合所构成的媒介形态的演化过程，其本质为生产形态的融合。

2. 媒体融合的本质特征

综合目前已有的代表性定义，本书认为，就媒体融合的本质特征而言，应该包含以下几方面的特点：

其一，媒体融合的前提是数字技术、计算机网络技术和移动通信技术三大基本技术；

其二，媒体融合的动力是市场需求与新旧媒体的竞争；

其三，媒体融合的形态是计算机网络、手机等新媒体技术平台与图书、报纸、杂志、广播、电视、电影等传统媒体融合，形成新的混合型新媒体；

其四，媒体融合的结果首先是导致媒体组织的融合、生产的融合、管理的融合、交易的融合、产品的融合、竞争的融合和市场的融合，最终导致技术的融合、产业的融合、消费形态的融合。

（二）新旧媒体在竞争中融合

竞争与融合是相对的，但竞争往往又促使融合的实现。从大众传媒发展变革的历史来看，任何一种新的媒体的出现，都会对旧媒体产生激烈的竞争，如广播产生以后，就对报纸、杂志、图书等旧媒体产生了严重的冲击和威胁，但同时，报纸等旧媒体会借鉴和吸收广播报道迅速的优势，广播也会借鉴和吸收报纸深度报道与分析的特点，两者在竞争中相互融合。网络媒体和手机媒体从技术上讲是全新的媒体，但从内容上讲则是全面综合了报纸、广播、电视、图书、杂志和电影等形式而形成的综合性媒体，同时还形成了网络报纸、网络广播、网络电视、手机广播、手机电视、手机报纸等多种混合型媒体。

（三）新旧媒体的融合方式

关于新旧媒体的融合方式，按照不同的标准有不同的归纳与概括，但具有代表性的主要有生产管理融合论、新闻融合论、综合融合论。

1. 生产管理融合论

美国西北大学教授罗伯特·戈登（Robert Gordon）从生产管理的视角把媒体融合归纳为所有权融合（Ownership Convergence）、策略性融合（Tactical Convergence）、结构性融合（Structural Convergence）、信息采集融合（Information-gathering Convergence）、新闻表达融合（Storytelling or Presentation Convergence）五种方式。

2. 新闻融合论

美国鲍尔州立大学教授戴默等按照“新闻融合”的程度进行划分，分为交互推广（Cross-promotion）、克隆（Cloning）、竞合（Coopetition）、内容分享

（Content Sharing）、融合（Convergence）五种方式。

3. 综合融合论

国内学者王菲则是这样解释的：媒介融合的本质是生产形态的融合，主要包括内容融合、网络融合和终端融合。在此基础上产生了技术融合、产业融合、产业链融合、生产形态融合和消费形态融合等融合方式。

（四）新旧媒体融合的产物

新旧媒体融合的最终产物是新媒体技术与旧媒体的内容、形式或技术相结合而形成新的混合型的媒体形式。就目前以数字化为特征的新媒体来说，与旧媒体融合的主要有网络媒体、手机媒体两大类型。其中，网络媒体与传统媒体融合催生了网络报纸、网络电视、网络广播、电子杂志、电子图书等新媒体，而手机媒体与传统媒体融合产生了手机报、手机杂志、手机图书、手机广播、手机电视、手机电影等新媒体。此外，数字技术与广播、电视的融合产生了数字广播、数字电视，移动通信技术与电视的融合又产生了移动电视。

第四节　新媒体产业

一、新媒体产业的内涵

随着数字化新媒体逐渐成为社会的主流媒体，围绕着以网络、手机为代表的新媒体这一核心的生产、销售、运营、服务等业务迅速发展，并且已经成为一种规模巨大、涉及面广的新媒体产业。所以有关新媒体产业的资源构成、产业群、产业特征、产业政策与发展前景等都是新媒体经济的基本问题。

（一）新媒体产业的含义

根据产业经济学的解释，产业是指具有某种同类属性的企业经济活动的集合。那么，新媒体产业就是指那些从事与新媒体有关的软件、硬件、内容等生产、销售与服务，以及新媒体渠道的建设、运营与服务的企业，以及那些通过新媒体的新闻信息服务社会，创造利润和就业机会的活动。新媒体产业通常包括新媒体数字硬件设备的生产、销售与服务，如计算机、手机、光纤、网线、路由器等硬件的生产、销售及其售后维修服务的经济活动；新媒体数字软件的生产、销售与服务，新媒体渠道的建设、运营与服务，如有线网络、卫星网络、宽带、无线网的建设运营与维护服务的经济活动；新媒体内容的生产、销售与服务，如网络文字内容、视频内容、音频内容等的生产、销售，网页的设计、制作与维护的经济活动，等等。

（二）新媒体产业资源的构成

资源是经济的核心要素，所以新媒体产业的构成也必须以新媒体的产业资源为基础，并在此基础上形成相应的新媒体产业经济。在综合性、融合化的数字新媒体产业中，虽然克里斯·安德森（Chris Anderson）著名的“长尾理论”是这样描述的：网络经济（也可以说是以数字化网络媒体为核心的经济）是“被忽视的丰饶经济”，因为“我们有充足的货架空间，充足的流通渠道，充足的选择”，他甚至极力否定传统经济学“社会资源稀缺下的选择”的使命，但是这仅仅是表象或是掩饰之词，因为“尽管所有媒体上的选择空间或许是无穷无尽的，但是人的注意力及时间仍然是有限的，我们的可支配收入也是有限的”，所以新媒体产业最终还是由稀缺的资源构成。

关于新媒体资源的构成，殷俊等是这样解释的：新媒体的产业资源主要由信息资源、渠道资源、注意力资源与影响力资源构成。但本书的观点是，从根本上说，新媒体的产业资源的构成与传统媒体的产业资源的构成是一致的，只不过是各种资源的表现形式与量的大小不同，从而导致新媒体产业资源的分配与选择规律发生变化，但并没有生成新的资源。所以，如果说，在传统报纸、杂志、广播、电视等以时空媒介为根本特点的大众传媒产业中，其产业资源主要是信息资源、渠道资源、广告资源、受众资源与品牌资源，那么，在数字新媒体的产业中，其产业资源也同样由这些内容构成。

1. 信息资源

加拿大学者马歇尔·麦克卢汉（Marshall Mcluhan）的“媒介即信息”直接

解释了媒介与信息的关系，甚至认为媒介本身比信息更重要，因为不同的媒介所承载的信息的构成、信息的特点与信息的量都不尽相同。尤其在数字技术、计算机网络技术与移动通信技术的推动下，以网络和手机为代表的新媒体通过产业化的方式源源不断地生产与传播文字、图形、图片、视频、音频及由它们融合而成的多媒体形态的信息等，再加上传统媒体依旧大规模生产与传播信息，使得人类社会的信息传播步入了富媒体（Rich Media）时代，甚至可以说是信息资源极其丰富，以至于出现了信息过剩的现象。

2. 渠道资源

在传播学里，渠道资源（信道）指的是传输新闻信息资源的各种网络与通道，包括平面纸质媒体的版面、广播的频率、电视的频道、计算机网络、手机移动网络、卫星网络等。在媒介产业中，渠道资源历来是稀缺的、有限的，即使在各国国际互联网普遍连接，以数字技术为特征的新媒体不断涌现的今天，也没有根本改变信息渠道资源的有限与稀缺的局面。在传统大众传媒中，平面媒体的版面是有限的，基于卫星频道、微波频道或有线频道的广播的频率与电视的频率更是稀缺的公共资源，即使在数字化转型升级之后，数字广播的频率与数字电视的频率依旧是稀缺的公共资源。虽然不少人认为国际互联网是一个无穷无尽的信息渠道，可以容纳与传输海量的信息，但是就目前万维网的IP技术来看，全球的网络IP地址是有限的，在分配完毕以后，如果没有新的技术标准来替代的话，必然引起IP地址的大规模交易。除此之外，网络域名的有限性已经引发了大规模的被称为“玉米市场”的域名交易。而移动通信网络的波段资源虽然丰富，但也是有限的，不可能取之不尽，用之不竭。

3. 广告资源

广告资源是现代媒体持续生存与发展的根本经济来源。虽然新媒体坚持通过出售信息资源来获取收益，但从根本上说，广告依旧是新媒体的主要经济来源，甚至可以说是新媒体得以持续发展的前提条件。因为作为经济“晴雨表”的广告受经济发展状况的影响很大，而经济的总量在一定时间范围内是有限的，那么企业广告的投放也是有限的，因此各媒体为了获得生存与发展，就必须争夺广告资源。尤其在新旧媒体大繁荣、大发展的竞争格局中，虽然新媒体的广告份额持续快速地增长，但是传统媒体作为广告主体的局面不可能立刻改变，何况传统媒体自身也在利用新媒体技术来实现变革与转型，所以短期内，无论新媒体怎么发展，广告资源的稀缺与有限性依旧无法改变。

4. 受众资源

就像商品是因为消费者而存在一样，大众传媒是因为受众而存在的，是因为受众对新闻信息、广告信息的需求而存在的，所以，商业领域的“顾客就是上帝”的原则在大众传媒产业中也是适用的。然而受众的总量在特定时间总是有限的，而且受众的时间及其购买力也是有限的。因此，各个大众传媒公司就必须千方百计地吸引受众的注意力和刺激受众的购买力。美国学者托马斯 · H · 达文波特（Thomas H. Davenport）是这样解释的：“注意力是对于某条特定信息的精神集中。”当各种信息进入我们的意识范围，我们关注其中特定的一条，然后决定是否采取行动。所以浙江工业大学的张雷教授对注意力经济作了这样的解释：注意力经济可以说是通过明星体制等手段来吸引消费者与投资者的注意力，从而获得利润的经济行为。

美国学者米歇尔 · H · 高德哈伯（Michael H. Goldhaber）指出：信息并不稀缺，特别是在网络领域。网络信息不仅丰富，而且已经过剩。我们被信息所淹没，这种状况未来还要加剧。但是伴随着信息的流动，一种有价值的稀缺资源也在网络空间中流动，这种稀缺资源就是注意力，注意力经济才是网络经济的本质。

5. 品牌资源

美国人A. L. 贝尔（Alexander L. Biel）是这样解释品牌的：“品牌资产是一种超越生产、商品及所有有形资产以外的价值……品牌带来的好处是可以预期未来的进账远超过推出具有竞争力的其他品牌所需的扩充成本。”余明阳、杨芳平对此作了进一步解释：“品牌是能给拥有者带来溢价、产生增值的一种无形资产，它的载体是用以和其他竞争者的产品或劳务相区分的名称、术语、象征、记号或设计及其组合，增值的源泉来自在消费者心智中形成的关于其载体的印象。”所以，包括大众传媒企业在内的所有市场的竞争最终还是品牌的竞争。新媒体产业品牌的塑造与形成主要是在向社会公众提供信息服务的过程中，不断提升新媒体对社会政治、经济、文化及公众的影响力，从而获得社会公众的肯定、信任和支持。在众多的新旧媒体的激烈竞争中，影响力越大的新媒体，所获得公众的信任与支持就越多，其品牌价值就越大；反过来，随着品牌度的提高，其影响力也就越大，所获得公众的信任和支持也越多，并最终成为市场竞争中的领跑者和主导者。

（三）新媒体的产业群

随着数字化新媒体技术的不断更新，各种新媒体不断涌现，最终形成了一个庞大的新媒体产业群或新媒体产业链。目前，国内主要以新媒体生产环节（产业链）和新媒体类型两种方法与标准来划分新媒体产业群。

1. 以新媒体生产环节（产业链）为标准划分新媒体产业群

迈克尔·波特（Michael E. Porter）在其《国家竞争优势》《群聚区和新竞争经济学》等论著中，提出了“产业群聚”和“群聚区”的概念。他的观点是：“各国竞争优势形态，都是以产业群聚的面貌出现，当产业群聚形成时，一个国家（地区）在最终产品、生产设备、上游供应及售后服务等方面，都会具有国际竞争的实力，而且很多产业群聚或具有国际竞争力的产业通常具有地理集中性。”而国内经济学者龚勤林则是这样解释的：“产业链是各个产业部门之间基于一定的技术经济关联，并依据特定的逻辑关系和时空布局关系客观形成的链条式关联关系形态。所以产业链最终要形成由供应商、制造商、分销商、零售商、用户终端构成的一个纵向功能链结构模式。”那么新媒体产业链是什么呢？殷俊等的观点是：“新媒体产业链是指新媒体所经营的互不相同又互相关联的生产经营活动所构成的纵向功能链结构模式，即在新媒体内容产品的生产和交换过程中，从媒介的投资、生产、发行、流通一直到用户接收和消费过程中上下游不同部门间的链式联系。”殷俊等进一步解释：“新媒体产业链主要由内容运营链节、网络运营链节和终端用户链节组成，即新媒体产业群可以分为内容运营产业群、网络（渠道）运营产业群与终端用户产业群三大类。其中，内容运营链节包括内容提供商、广告公司、客户、调研公司与内容运营商；网络运营链节包括设备提供商、技术提供商与网络运营商；终端用户链节包括终端制造商、终端服务商与终端用户。最终形成由内容、网络与终端构成的无数的上下游企业组成的新媒体产业群。”

2. 以新媒体类型为标准划分新媒体产业群

中国传媒大学的宫承波教授与翁立伟根据新媒体的类型把新媒体划分为网络媒体产业群、手机媒体产业群、互动性电视媒体产业群与新型媒体产业群四大类型，并且将每一类产业群又划分成多种产业。其中，网络媒体产业群包括门户网站产业、搜索引擎产业、网络社区产业、即时通信产业、博客产业、播客（网络视频）产业、网络游戏产业、网络报纸产业、网络杂志产业、网络广播产业等；手机媒体产业群包括手机短信产业、手机彩信产业、手机彩铃产业、手机出版产业、手机广播产业、手机电视产业等；互动性电视媒体产业群包括数字电视产业、IPTV产业等；新型媒体产业群主要包括城市彩屏产业、移动电视产业、楼宇电视产业等。

（四）新媒体产业的特征

与传统大众传媒产业相比，以数字技术为核心的新媒体产业往往呈现出知识密集、创新性强与高附加值等明显的独有特点。

1. 知识密集

大众传媒是人类科学技术革新的产物，新媒体则可以说是高新技术变革的结果。所以新媒体的发明与应用都是知识与技术的运用过程，都需要投入大量的复杂劳动，需要无数的科学家和技术专家的工作，甚至可以说新媒体产业是知识经济的典型形态。具体来说，新媒体作为依靠脑力劳动创造价值的知识密集型产业，主要体现在新媒体核心技术与内容的生产两个方面。一方面，新媒体所应用的移动通信技术、软件播放技术、数字技术、计算机网络技术等核心技术都是属于前沿学科的尖端高新技术，这些高端技术是无数知识的凝结；另一方面，新媒体内容的开发与生产也是大量精通新媒体技术和新闻信息传播规律的专业人才的智力劳动的结果，可以说也是知识的积累。

2. 创新性强

创新是一切技术变革的前提，更是催生新媒体的根本动力。新媒体的创新性主要体现为全新的技术支持与令人耳目一新的内容形态。首先，新媒体不仅拥有现代数字技术、计算机网络技术、移动通信技术等全新的新媒体技术，而且还在这种核心技术的基础上不断开发与应用新的具体的媒体技术。其次，新媒体的内容生产也在突破传统大众传媒的媒体技术，利用数字技术生产数字化文字、图片、音频与视频等，并形成多媒体超文本，然后由计算机网络技术和移动通信技术来传输，形成全新的生产技术与生产流程。此外，新媒体的创新性还体现在融合媒体形态和融合媒体内容的不断涌现。

3. 高附加值

以罗伯特·梅特卡夫（Robert Metcalfe）命名的梅特卡夫定律（Metcalfe's Law）提出，通信网络的价值是节点数或终端连线数的平方。还有戴维·里德（David Reed）提出的里德定律（Reed's Law），即网络的价值是群体数的阶乘值，这里的阶乘指的是群体数之值及任何小于此群体数之值，一直到1，全部乘起来的数字。由此可见，罗伯特·梅特卡夫和戴维·里德都认识到了以网络为基础的新媒体所创造的价值是无比巨大的。新媒体产业是技术、资金、智力密集型产业，其所含有和创造的附加价值远远高于其物质价值。因为新媒体属于拥有知识产权保护与垄断的技术发明或文化创意设计，所以新媒体产业的价值除了来源于创造性劳动之外，往往还有大量附加价值来自知识产权的转让，或运用于商业化生产的利润，或大量相关延伸产品的利润，甚至这些附加价值还超越了新媒体知识产品本身的价值。又因为新媒体是投资比较少而且收益潜力巨大的快速发展的新兴产业，所以其附加值更是难以估量。

二、我国新媒体产业的发展

随着我国经济结构的不断转型优化，新媒体产业正在不断融入我国经济社会各个领域，成为影响中国未来发展的重要因素。新媒体平台已成为经济发展新动能，“互联网+”成为媒体深化融合的新引擎。国家战略持续助推新媒体产业发展，传统媒体与新兴媒体通过优势互补，“一体化”发展深度影响中国社会各层面发展。在我国大力推动网络和信息化事业发展的顶层设计强化下，新媒体连接多产业、多领域发展，成为中国社会转型阶段的关键因素，各种新技术、新理念、新形态、新模式竞相呈现。

（一）产业发展特点

目前我国新媒体产业发展具有以下几个显著特点。

1. “互联网+”效应持续显现，将成为全产业发展经济驱动因素

“互联网+”政策促进产业升级与经济转型，新媒体全产业化发展形成新的经济形态。新媒体跨产业带动更多传统产业转型，互联网金融、互联网医疗、互联网教育等多行业实现高速发展。

2. 移动互联领域成为新媒体发展主战场，移动化发展热潮不减

伴随着信息传播技术的进步，传媒行业经历了平面媒体—广播电视—互联网的大体演进过程。在此进程中，媒体承载的信息资源量逐渐过渡和转移，进而又引发了广告营销模式的变革。自3G牌照发放以来，中国移动互联网便进入了持续的爆发式增长阶段，手机视频、即时通信、移动游戏等各种应用功能通过智能终端喷涌而出。随着5G技术的全面推广，移动互联网在传媒业中已经占据主导地位，移动互联网产业链上的各个环节都将受益于这一领域的持续高速成长。

根据工信部发布的数据，截至2021年4月底，我国移动电话用户总数达到16.1亿户，5G手机终端连接数达到3.1亿户。随着5G移动通信技术的进一步推广和基础网络设备的不断完善，移动互联网发展浪潮将持续推进。

3. 地方性媒体融合效果显著

2015年，随着中央全面深化改革领导小组第四次会议审议通过《关于推动传统媒体和新兴媒体融合发展的指导意见》的实施，媒体融合上升为国家战略发展规划，以传统主流媒体为首，在各方力量的推动下，媒体融合成为媒体行业的发展自觉，媒体融合步入深度融合发展阶段。事实上，在媒体融合过程中，许多地方性传媒集团已经在“转型升级”过程中进行了大量尝试与实验，利用自身资源优势探索新型经营模式，逐步将新闻生产业务与媒体经营分离，改革新闻生产方式，优化人才和组织机构构成，构建现代传播体系。

4. 在线视频迅猛发展，移动广告成为新的发力点

从2015年开始，互联网视频业呈现强劲发展势头，许多视频平台通过资本运作引进投资，掌握了大量发展资源。随着移动宽带的发展和基础网络环

境的进一步优化，移动视频、视频直播产业的市场前景将更为广阔，具有巨大的商业价值。各种大型体育赛事的开展也极大地推动了视频直播产业发展。

伴随着移动应用和平台的快速发展，大量的网络用户流量被吸引，移动广告业的市场规模开始迅速扩大，各大新媒体平台均开始利用自身流量和用户优势，大力开发移动互联网广告市场。目前众多国内具有较强传播力、影响力与品牌价值的新媒体平台，凭借自身的用户积累，已将广告、电商、增值服务等多元模式嵌入原先单纯的新闻平台或视频平台，通过多样化的增值服务实现自身商业价值。

5. 政务新媒体平台优化升级

地方政务新媒体平台发展不断深入，在现有存量的基础上，逐步开始进行精细化管理，提供精准服务已成为地方政务新媒体平台下一步的发展方向。通过提升政务新媒体的运营水准和管理水平，切实发挥平台的信息发布功能和沟通“连接”作用，形成较强的区域性影响力，并形成相对稳定的用户群体，有助于其商业价值的实现。

6. 网络文化产业发展进一步推进

国家对网络文化产业发展提供了充分的政策支持和资金保障。财政部每年都会针对重点项目下达文化产业发展专项资金，利用专项资金，网络文化产业可以通过创新管理模式、更新文化产品生产理念与流程、与互联网融合发展等措施助推文化产业成为国民经济支柱型产业。网络文化产业的发展在促进产业规模扩大的同时，也提升了互联网文化作品的质量，并逐渐成为产业发展重点。

（二）新媒体产业生命周期情况

近年来，移动互联网的发展重心转向亚洲的态势明显。无论是在中国、印度等发展中国家，还是在日本、韩国、新加坡等发达国家，移动网络基础设施发展态势良好，用户增长迅速，市场规模极速扩张，新媒体市场活跃度和创新能力快速提升。综合来看，以电信增值服务和网络广告信息服务为主要内容的新媒体产业目前仍然处于高速成长期，如图 1-2 所示，未来长期仍将保持持续稳定增长。

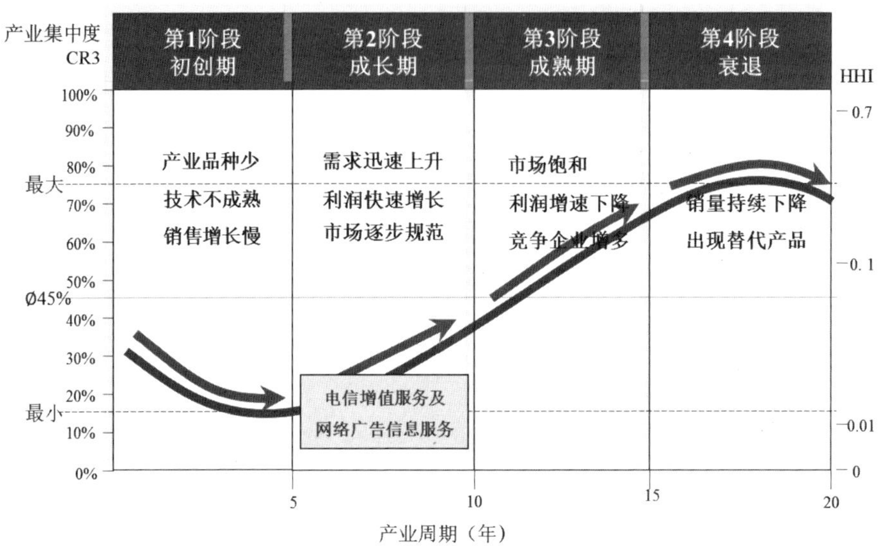

图 1-2　公司所处行业生命周期情况示意图

（三）新媒体产业市场规模情况

1. 网民规模情况

中国互联网络信息中心（CNNIC）2021 年 8 月发布的第 48 次《中国互联网络发展状况统计报告》显示，截至 2021 年 6 月，我国网民规模达 10.11 亿，较 2020 年 12 月增长 2175 万人，互联网普及率达 71.6%。在中国互联网发展过程中，新网民的不断增长，让互联网与经济社会深度融合的基础更加坚实。

2. 手机网民规模

《中国移动互联网发展报告（2021）》指出，2020 年，我国移动互联网用户稳步增长，但增速继续放缓。2020 年我国 4G 用户总数达到 12.89 亿户，占移动电话用户数的 80.8%。我国 5G 用户规模快速扩大，5G 终端连接数突破 2 亿户。截至 2020 年 12 月，中国手机网民规模已达 9.86 亿，较 2020 年 3 月增长 8885 万，占整体网民的 99.7%。

随着移动网络环境的日益完善、移动互联网技术的发展，各类移动互联网应用的需求逐渐被开发。从基础的娱乐沟通、信息查询，到商务交易、网络金融，再到教育、医疗、交通等公共服务，移动互联网塑造了全新的社会生活形态，潜移默化地改变着移动网民的日常生活。未来，移动互联网应用将更加贴近生活，从而带动三四线城市、农村地区人口的网络使用，进一步提升我国移动互联网的普及率。

3. 新闻资讯用户规模

与传统媒体相比，互联网具有及时性、开放性、互动性等优势，使得新闻网站逐步成为人们获取新闻信息的重要渠道。随着我国网民规模的持续增长和互联网普及率的不断提高，通过新闻网站获取新闻信息的用户数量持续增长。根据CNNIC统计数据，截至2021年6月，网络新闻用户规模为7.60亿，占网民整体的75.1%，其中，手机网络新闻用户规模达7.41亿，占手机网民的75.2%。

表1-1列出了2020年12月至2021年6月各类互联网应用用户规模和网民使用率。

表1-1 2020.12–2021.6 各类互联网应用用户规模和网民使用率

应用	2020.12		2021.6		
	用户规模（万）	网民使用率	用户规模（万）	网民使用率	增长率
即时通信	98 111	99.2%	98 330	97.3%	0.2%
网络视频（含短视频）	92 677	93.7%	94 384	93.4%	1.8%
短视频	87 335	88.3%	88 775	87.8%	1.6%
网络支付	85 434	86.4%	87 221	86.3%	2.1%
网络购物	78 241	79.1%	81 206	80.3%	3.8%
搜索引擎	76 977	77.8%	79 544	78.7%	3.3%
网络新闻	74 274	75.1%	75 987	75.2%	2.3%
网络音乐	65 825	66.6%	68 098	67.4%	3.5%
网络直播	61 685	62.4%	63 769	63.1%	3.4%
网络游戏	51 793	52.4%	50 925	50.4%	-1.7%
网上外卖	41 883	42.3%	46 859	46.4%	11.9%
网络文学	46 013	46.5%	46 127	45.6%	0.2%

续表

应用	2020.12		2021.6		
	用户规模（万）	网民使用率	用户规模（万）	网民使用率	增长率
网约车	36 528	36.9%	39 651	39.2%	8.5%
在线办公	34 560	34.9%	38 065	37.7%	10.1%
在线旅行预订	34 244	34.6%	36 655	36.3%	7.0%
在线教育	34 171	34.6%	32 493	32.1%	-4.9%
在线医疗	21 480	21.7%	23 933	23.7%	11.4%
互联网理财	16 988	17.2%	16 623	16.4%	-2.1%

数据来源：CNNIC中国互联网络发展状况调查

4. 互联网广告规模情况

互联网营销是伴随着互联网发展而诞生的新型营销服务方式。随着互联网产业的成熟及互联网用户规模的扩张，互联网媒体的营销价值不断提高。艾瑞咨询发布的《2018年中国网络广告市场年度监测报告》显示，2018年，中国整体网络广告市场规模为4 844.0亿元，同比增长29.2%，达到新的量级，成为社会媒体中的焦点。

从营销产业发展趋势上看，互联网广告也从最初的PC端向移动端迁移。2018年我国移动营销市场规模达到3 663.0亿元，移动广告的整体市场增速远高于网络广告市场增速，成为网络营销中最亮眼的细分领域。另一方面，2018年移动广告占网络广告的比重上升至75.6%，与移动网络99.7%左右的渗透率相比还有一定的差距，未来移动广告市场仍有较大市场潜力尚待挖掘。

随着中国互联网流量不断由PC端向移动端转移，移动营销已经成为广告主最主要的品牌传播方式，企业对移动营销的认知方式由初期的被动销售转变为主动出击，投放意识逐渐加强，特别是品牌广告主和本地广告主，他们已经成为移动广告投放的主力。随着插屏广告规模化发展，移动广告平台加大了对开屏、视频等广告形式的尝试，移动应用原生广告等非标准化的广告也开始出现，移动广告的形式不断创新。移动游戏、移动电商广告等细分市场的营销推广需求进一步提升，未来将成为移动营销的重要动力。随着移动互联网广告的市场潜力被发掘，资本市场对移动营销的关注迅速升温，各业务方向的移动营销公司都获得了不同程度的投资，越来越多的互联网企业、PC市场广告商延伸到了移动广告市场。

5. 互联网增值服务

互联网增值服务网站最初主要向网民提供新闻信息，以此为基础开展互联网广告业务。随着互联网技术的不断进步及网络用户需求的转变，各类网站相继推出了社区、信箱、网络游戏、网络文学等增值服务。随着移动网络、智能终端的普及及资费的下调，移动互联网正深刻影响着人们的生活和工作，越来越多的网民开始使用移动互联网增值服务。

（四）新媒体产业上游/下游情况

1. 主要行业价值链

互联网信息服务的上游主要是网络接入提供商、服务提供商等，下游行业主要为终端客户，包括个人用户和商业用户。公司所处产业链情况如图1-3所示。

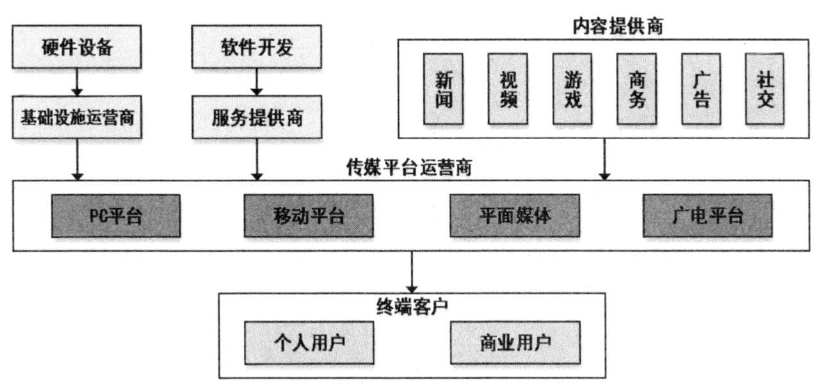

图1-3 公司所处产业链情况

2. 行业上下游关系

（1）基础设施运营商/服务提供商：经营媒体相关基础设施的厂商，为整个互联网信息服务业提供最基础的网络传输服务和应用软件开发服务。

（2）内容提供商：制作各种形式（文本、声音、影像等）的内容产品的经营实体，主要内容包括视频影音、新闻、游戏、广告及商务服务等；同时，内容提供商还包括内容制作/发行商，其通过销售网络将内容产品出售给下游各类型的传媒平台。

（3）传媒平台运营商：主要为对内容进行整合并传播的经营实体，如报社、广播台、电视台、网站、新媒体平台等。

（4）终端客户：终端客户作为产业链的终端，是信息传播的最终受众，根据客户类型的差异，主要可分为个人用户和商业用户，其中商业用户主要为市场经济活动中的各类企业主体及机关单位、公共事业主体。

三、我国新媒体产业发展的有利和不利因素

（一）产业发展的有利因素

1. 国家产业政策支持

近年来，我国先后出台了多项政策支持文化企业发展，主要政策如下：

2011 年，中国共产党第十七届中央委员会第六次全体会议通过《中共中央关于深化文化体制改革、推动社会主义文化大发展大繁荣若干重大问题的决定》，指出支持重点新闻网站加快发展，打造一批国内外有较强影响力的综合性网站和特色网站，发挥主要商业网站建设性作用，培育一批网络内容生产和服务骨干企业，发展网络新技术新业态，占领网络信息传播制高点。

2012 年，中共中央办公厅、国务院办公厅印发了《国家“十二五”时期文化改革发展规划纲要》，鼓励互联网等新兴媒体建设，鼓励支持国有资本进入新兴媒体，做强重点新闻网站，形成在国内外有较强影响力的综合性网站和特色网站。

2014 年，国务院办公厅印发了《进一步支持文化企业发展的规定》，指出中央财政和地方财政应安排文化产业发展专项资金，有条件的应扩大专项资金规模，创新资金投入方式，完善政策扶持体系，采取贴息、补助、奖励等方式，支持文化企业发展。同年，中央全面深化改革领导小组第四次会议审议通过了《关于推动传统媒体和新兴媒体融合发展的指导意见》，明确要求顺应互联网传播移动化、社交化、视频化的趋势，积极运用大数据、云计算等新技术，发展移动客户端、手机网站等新应用、新业态，不断提高技术研发水平，以新技术引领媒体融合发展，驱动媒体转型升级。

2015 年，中共中央办公厅、国务院办公厅印发了《关于推动国有文化企

业把社会效益放在首位、实现社会效益和经济效益相统一的指导意见》，明确新闻媒体中的广告、印刷、发行、传输网络部分，可剥离进行转企改制，由国有资本绝对控股，利用市场资源和社会力量，为发展壮大新闻宣传主业服务；鼓励符合条件的国有文化企业上市融资；推动传统媒体与新兴媒体融合发展，强化互联网思维，实现跨媒体、全媒体发展。

2016年，原国家新闻出版广电总局印发了《关于进一步加快广播电视媒体与新兴媒体融合发展的意见》，提出重点任务：树立深度融合发展理念，加快融合型节目体系建设，加快融合型制播体系建设，加快融合型传播体系建设，加快融合型服务体系建设，加快融合型技术体系建设，加快融合型经营体系建设，加快融合型运行机制建设，加快融合型人才队伍建设。

2017年，中共中央办公厅、国务院办公厅印发了《国家“十三五”时期文化发展改革规划纲要》，在提高舆论引导水平方面要求推动媒体融合发展。扶持重点主流媒体创新思路，推动融合发展尽快从相“加”迈向相“融”，形成新型传播模式。支持党报党刊、通讯社、电台电视台建设统一指挥调度的融媒体中心、全媒体采编平台等“中央厨房”，重构新闻采编生产流程，生产全媒体产品。明确不同类型、不同层级媒体定位，统筹推进媒体结构调整和融合发展，打造一批新型主流媒体和媒体集团。

2018年，中央全面深化改革委员会第五次会议审议通过了《关于加强县级融媒体中心建设的意见》，指明了县级融媒体中心建设的基本思路。会议指出，组建县级融媒体中心，有利于整合县级媒体资源、巩固壮大主流思想舆论。要深化机构、人事、财政、薪酬等方面改革，调整优化媒体布局，推进融合发展，不断提高县级媒体传播力、引导力、影响力。要坚持管建同步、管建并举，坚持正确政治方向、舆论导向、价值取向，坚守社会责任，把社会效益放在首位。2019年1月，中宣部和国家广电总局联合发布了《县级融媒体中心建设规范》《县级融媒体中心省级技术平台规范要求》，为县级融媒体中心省级技术平台建设提供了操作指南和建设规范。

2. 网络用户持续增长

经过多年的发展，互联网已经深刻影响着人们的生活和工作方式；同时，人们生活和工作习惯的改变也促进了互联网行业的快速发展，主要表现在四个方面：一是互联网用户数量持续增长；二是互联网用户的年龄范围继续扩大；三是网民上网时长继续增加；四是网络购物、网上支付、论坛等互动性使用行为总体占比不断提高，网络已经直接介入人们的日常生活。

3. 互联网广告精准营销优势明显

对于企业客户而言，目前互联网的高性价比和精确营销优势已获得业内的普遍认可，广告业务呈现出从传统媒体向互联网转移的趋势。随着我国网民规模的不断扩大、用户黏性的持续增强和网络广告形式越来越多样化，越来越多的广告将由传统媒体投放向互联网投放转移。

4. 互联网技术快速发展

近年来，随着互联网技术（如4G、5G网络技术等）的不断进步，网络应用日趋多元化，包括即时通信、搜索引擎、网络新闻、网络音乐、网络视频等，为互联网信息服务业的快速发展提供了良好的技术支撑。

（二）产业发展的不利因素

1. 内容同质化

新媒体内容同质化问题包括两个方面：第一是指同类新媒体的不同平台播放内容相似度很高。如互联网视听节目服务平台，特别是综合型平台，基本都囊括了电影、电视剧、动漫、体育、音乐、综艺节目等多个版块，提供的大多是当下流行的电视节目或网络节目，不同平台提供的主要内容之间重合度很高。平台运营商在选择内容时考虑更多的是大众的诉求，而对自身平台的用户需求考虑得不多。内容同质化问题不仅会影响用户体验，还会引起内容提供者之间的恶性竞争。

第二是指不同类别的新媒体之间也存在内容同质化现象。例如，运营商在跨终端运营多个新媒体业务时，很可能不假思索地向多个平台投放基本类似的内容。运营商在向其他终端开拓新业务时，并没有根据终端特点差异化地推出内容产品，只是将本身具备的内容资源通过不同平台输出给观众，虽然其覆盖的用户数量会有一定程度的提升，但显然不是最好的选择，运营商如果能考虑到每个平台用户群体的差异，便能最大限度地满足用户在内容方面的需求。

2. 原创内容不足

在新媒体产业中，客户要求产品具有高度差异化。然而我国新媒体更多的还是发布平台和信息处理平台，很大程度上依赖传统媒体提供的“原材料”。新媒体产业是典型的供给驱动型产业，创意是吸引消费者的最重要的因素，在消费者对创意的认同度不明确的情况下，新媒体产品市场也相应存在极大的不确定性。

近年来，很多新媒体平台意识到原创内容匮乏的问题，开始转变内容平台建设的思维，积极投资原创内容。例如，今日头条平台发布的“行家计划”，旨在帮助 1 万名职业创作者成长，打造个人IP。再如抖音平台的百亿流量扶持计划，腾讯视频、爱奇艺等视频网站的自制剧及自制综艺等，都很好地促进了原创内容的发展。但与此同时，仍然存在很多内容侵权、盗版行为，“洗稿”“混剪”等抄袭策略层出不穷，且难以有效遏制。

3. 受众沦为商品

在新媒体时代，新兴的信息传播技术催生了媒体经济模式的巨大变化，无论何种媒体，它所售卖的商品并不仅是其提供的信息，还包括（或者说更重要的是）它所拥有的受众。

传播政治经济学奠基人达拉斯 · 斯麦兹(Dallas Smythe)认为，大众传媒的信息和言论只是吸引受众注意力的“免费午餐”，其目的是使受众最大限度地接触广告，培养他们对广告信息的好感。“受众商品论”揭示了媒体、广告商与受众之间的潜在关系，道出了媒体盈利的基本逻辑。在新媒体环境中，“受众商品论”实现了在网络中的延伸，新媒体的商业化形成不断加强的闭环。新媒体的特性使得它能够拥有更广泛的用户群体和更精准的投放转化，这吸引了商业资本的大量投入。同时随着商业资本所占比例的提升，盈利变现的需求又迫使各类新媒体平台通过各种内容与形式强化自身的商业取向。在具体的实践中，新媒体的商业化集中体现为极强的营销传播性质，如微博因其庞大的内容存量与用户流量，使得原本为呈现热度话题的“热搜榜”成为各方利益竞逐的舞台，任何用户均可以通过购买微博官方不同价位的推广服务获得相应的推广时长和覆盖人数。各类新媒体平台除却推出各种营销服务外，在内容生产上也呈现出明显的商业化倾向：越来越多的企业通过微博进行营销传播；越来越多的明星、网络红人利用自身影响力出售微博广告位；微信在朋友圈、公众号和小程序进行广告投放；抖音、快手、淘宝直播成为“种草”与“带货”的生产基地。

4. 平台功能复杂化，平台属性同质化

随着社会化传播的发展及媒介融合的深入推进，平台型媒体已经悄然成为人们资讯网络中不可或缺的重要载体。平台型媒体的概念缘起西方，是Platform（平台商）和Publisher（出版商/媒体）的结合，既拥有专业媒体的编辑报道能力，又拥有面向用户的平台开放的数字内容实体。根据功能属性可以将平台型媒体分为资讯定制类（如今日头条）与网络社交类（如微博、微信）两大类型。但随着信息技术的进步和商业利益的驱使，不同媒体平台的界限已越来越模糊，换言之，二元划分已经不能概括平台型媒体发展的趋势。各类新媒体平台普遍呈现出综合发展的强烈意愿，媒体平台的功能也在复杂化的道路上越走越远。

例如，今日头条运用智能算法推荐充分满足了不同用户的资讯需求，庞大的流量池让其有资本考虑构建基于自身平台的社交关系链。从早前邀请传统媒体与意见领袖进驻，到推出“头条圈”，再到头条号“粉丝必达”功能开启内测、商品推广功能上线等，媒体平台的功能一直在不断丰富。而以微信为代表的社交媒体平台，在即时通讯功能的基础上，也将触手延伸至更广阔的领域，如通过公众号平台的订阅进行资讯推送，通过朋友圈分享进行裂变式传播，同时运用小程序进行大量外链导流，以及对生活服务类内容进行整合，微信已然成为目前功能最为齐全的新媒体平台之一。

诚然，对功能丰富性的追求有利于新媒体平台更大程度地吸引用户，但一味追求功能的复杂化同样为新媒体的健康发展带来了阻碍，其负面影响主要表现在使用门槛提升和同质化陷阱两个方面。埃弗雷特·罗杰斯（E.M.Rogers）曾提出，一种新观念、新功能、新技术在社会团体成员中的传播与接受存在一个S形的曲线，即创新的扩散。根据受众对新技术接受时间与程度的不同将其分为“创新者”“早期采用者”“晚期采用者”“落后者”等。在新媒体语境下，媒体的功能已不再局限于信息的传递，随着社交、支付、电商等功能的不断嵌入，受众想要获取新闻往往需要了解信息的定制与过滤，想要进行互动需要掌握语音和视频功能的使用。新媒体功能的复杂化导致创新的频率不断提高，在新功能扩散过程中，“晚期采用者”和“落后者”的规模不断叠加、扩大，越来越多的人被复杂功能的技术门槛所阻隔，新媒体的使用效能逐渐降低。此外，新媒体功能在日益复杂的同时还存在显著的同质化问题。在早期对新媒体功能的分类中，人们将新媒体划分为视听类、资讯类、社交类等，但随着媒介融合的推进和媒体功能的繁复化，不同类型新媒体间的分野也逐渐消失。无论是何种类型的新媒体平台，都渴望通过增设各种功能分取利益的蛋糕，在利润最大化的产业逻辑下，新媒体正在失去方向与重心，逐步迈向功能的同质化陷阱。

第二章 新媒体运营模式概论

第一节　新媒体运营策略概述

一、新媒体运营的本质

长期以来，人们能及时全面地了解信息，不仅得益于科技的发展、传播媒介的产生，同时还离不开媒体从业人员的努力。他们着力设计报道策略、叙事角度、媒体资源分配等方面，从而让人们系统了解重大事件的起因、经过、结果。

通常为了充实报道的内容，媒体人会花费大量的人力、物力和财力。同时对于一些耗时较长的调查性报道，媒体人也愿意去挖掘。但是，对于媒体运营模式却很少有人愿意去探索。

传媒决策者通常步入的一个误区是，企图通过照搬某种已经成功的媒体运营模式，来获得与被模仿者相同的成绩。这种误区往往导致媒体从业人员在内容上花费大量的时间和精力，而不愿意去探索新的营销模式，其最终的结果必然是为时代所淘汰。

（一）内容即产品

随着新媒体的来势汹汹，传统媒体受到巨大冲击，人们往往错误地认为内容为王的时代已经过去。很多人抛开内容转向以渠道为主，并为此争论不休。渠道固然重要，但没有内容，渠道只能是空谈。那么，在新媒体时代内容又是什么呢?

20 世纪 90 年代，美国传媒业大亨萨姆纳 · 雷德斯通（Summer Redstone）提出了“内容为王”这一观点，直接地表达了内容的重要性。1996 年，比尔 · 盖茨（Bill Gates）在其博客中再次强调“内容为王”，随后这一论调引起了传媒界的重视。

媒体内容同其他产品一样，如果它不能满足受众的需求，无法为其提供极致的体验，那么就会被受众抛弃。因此，媒体从业人员要将内容当作一件产品来对待，在制作之前，考察市场的需求，使内容能契合受众的需要，同时还要在设计、包装、营销等环节下功夫，力求使将内容精准投放的同时做到受众广泛。

（二）内容需要“包装”

内容像产品一样，需要进行“包装”。对于商家来说，如果没有精美的包装、吸人眼球的营销手段，即使质量再好的产品也不会有人光顾。世界各国都做过类似的实验：将同样的产品，采用不同的包装，其销售额是不同的。由此可见产品包装的重要性。例如，商家在向市场投放产品时，会事先做详细的市场需求调查：消费者喜欢什么类型的产品及包装，当地的风俗习惯有哪些，等等。这些都是商家需要了解的信息。同样地，媒体内容既然是产品，那么它必然也涉及呈现方式，考虑受众需求，这正是需要媒体人去挖掘的。但目前的状况是，媒体人更愿意在内容上耗费大量的精力，而不注重对形式的创新，以致媒体传播的内容大多类似，既耗费成本，又没能巩固受众。

（三）数据分析与传媒决策

既然内容是产品，那么媒体人还要考虑供求关系、成本及利润等。为此，媒体人需要进行市场调查，了解受众的需求，传播他们想要了解的内容，这在一定程度上可以保证内容的传播最终产生利润。

过去，报纸、杂志、电视等传统媒体主要通过发行量、问卷调查和收视率等了解受众的需求，而在新媒体时代，这些调查方式则要简单得多。新媒体可以通过技术手段获取用户的登录时间、在线时长、跳转时间及IP地址等信息。将获取的这些信息加以分析，便可创建用户画像，用以精确分析用户需求。

新媒体的发展为媒体从业者调查、访问受众提供了便捷的渠道，同时也为其提供了丰富的数据，但却很少有人愿意通过分析这些数据来获取有用信息。数据分析可以帮助传媒决策者从海量的信息中挖掘出对自身发展有用的信息，能够帮助决策者作出正确决策。在成本管理、订阅用户付费的便捷性、内容呈现的灵活性、用户画像及使用习惯等方面，这些信息显得尤为重要。

新媒体的发展，对传统媒体造成了巨大的冲击，但在挑战面前，传媒决策者绝不能畏缩。虽然新媒体技术对其产生了冲击，但同时也带来了先进的技术，媒体从业者不需要再花费巨资去通过问卷调查、购买收视率等了解受众的需求，而可以直接通过自己的网站和客户端获取数据并加以分析、利用，迅速地制订策略，以应对外界环境的变化。

只有将媒体内容当作产品，在其设计、包装、营销等方面投入大量的精力，满足受众的需求，才能大范围地获取受众，也只有这样的媒体才能将那些固守内容而忽视媒体营销的同行远远地甩在身后，成为传媒业的先行者。

二、新媒体运营的基本策略

当小米从粉丝经济中获益后，越来越多的人开始意识到粉丝的重要性。很多人在提到粉丝经济的时候，第一个想到的就是明星，认为明星能够为其代言的产品带来一系列的粉丝效应。

粉丝之所以会产生并形成一定的规模，简单来讲，可以归纳为八个字：物以类聚，人以群分，就是将一群拥有共同爱好及价值观的人集聚到一起。

粉丝经济在新媒体中发挥了越来越重要的作用。一个媒体平台如果没有庞大的粉丝群作支撑，就会逐渐失去自己的价值，而粉丝经济的产生和发展，还会给报纸、杂志等传统媒体带来冲击。很多传统媒体已经开始意识到粉丝的重要性，并通过各种方式和手段来挖掘粉丝。例如中央广播电视总台在电视屏幕上适时放置节目微信二维码，号召电视观众通过扫描二维码关注中央广播电视总台的微信公众号。从而获得更多的粉丝，提高电视台的收视率。

从本质上来讲，新媒体之争也就是粉丝争夺战，新媒体将营销的目标指向了获取质量上乘的粉丝。对于新媒体来说，拥有了粉丝群体就等于拥有了一笔巨大的财富。那么，应该怎样对新媒体进行运营呢？

（一）平台思维

要想获得更多的粉丝，必须为粉丝提供优质的内容，只有他们认可平台价值并且有感兴趣的东西才会受到他们的关注。以电视台为例，要想提高收视率，必须有优质的电视资源。而要成为一个优秀的公众平台，就必须有优秀的作者提供高质量的内容，这样才能吸引粉丝。

当前，社会已经走进了一个“泛作者”时代，任何一个自主创作的人都可以称为作者，作者已经失去了原先的价值，创作的内容也良莠不齐。因此对于平台来说，将优质的文章和内容整理出来发布在平台上可以为读者节省大量筛选识别的时间，同样优秀的文章也可以吸纳众多读者。例如，我们经常看的《读者》，其中的文章大多来自各类报纸和杂志，但是同样受到了很多读者的欢迎，主要原因就在于，它将来自大量报纸及杂志中的优秀文章整理成册，本来读者需要读很多报刊、书才能看到的优秀内容，通过这一本就可以获得，这为读者节省了大量的时间。

（二）资源运作

随着粉丝数量的增多，平台的资源得到积累，而资源是可以变现甚至是交换的。如果平台仅仅是自己使用这些资源，那么平台所能获得的价值及影响力就会很小；而如果平台能够将这些资源与粉丝共享，那么不仅可以更大程度地挖掘资源的价值，同时也可以打造粉丝与平台的利益共同体，从而有效提升平台的价值。

如果平台可以将资源分享给更多的人，那么就等于为平台赢得了更多经营及运作的人，将平台的命运与粉丝的命运联系起来，充分调动粉丝对平台资源利用的积极性，为平台带来更多的活力，从而有效推动平台的发展。

（三）把读者当顾客

传统意义上的读者在阅读一篇文章或一本书后不会与作者保持联系。而顾客就不一样了，顾客在购买了产品之后，商家仍然需要与顾客保持密切的联系，不仅是为对产品进行维修，还包括了解顾客对产品的体验及感受，从而及时对产品进行改进和完善。

由此可见，如果要发挥新媒体的变现价值并创造长期价值，那么就应该将读者看作顾客，与其保持长期的联系。

（四）打造多个媒体传播渠道

要想吸引和留住更多的粉丝，就需要有多个价值输出渠道，以保证新媒体能够保持鲜活的生命力。

有过新媒体运营经验的人，通常都会知道粉丝在刚开始关注的时候活跃度一般都很高，但是随着时间的推移，部分粉丝的活跃度就会下降，平台要想保持更持久的活跃度，就应该每天都能吸引更多新的粉丝。因此应该为平台打造更多的媒体传播渠道，为平台注入源源不断的活力。

（五）重视人脉关系链的传播

新媒体的发展颠覆了传统媒体的传播方式，人脉关系链开始发挥越来越重要的作用。在新媒体传播中，粉丝不仅是平台内容的接收者，同时也是内容的传播者，而且只要有优质的内容，粉丝的传播能力是可以无限放大的。

如果内容能够被拥有10万粉丝的意见领袖转发分享，那么这次传播所带来的影响力就可以扩大至10倍以上。通过这种人脉关系链的传播可以将内容分享到更多的人群中，并且还不会为平台增加额外成本，既增加了粉丝数量，又提高了平台的影响力。

要发挥好人脉关系链的价值，就应该做好内容。粉丝之所以愿意对平台发布的内容进行转发分享，关键在于内容优质，因此做好内容就成了人脉关系链传播效应的坚实基础。

随着新媒体在各个领域的渗透，未来新媒体将成为众多企业营销传播及获取客户的重要渠道。因此谁能更好地运营新媒体，谁就能在未来的新媒体之争中抢占更多的优势，抓住更多有利的商机。

移动互联网的发展使整个商业格局发生了翻天覆地的变化。随着智能手机、平板等移动智能终端设备的流行，用户的购买习惯也发生了转变。而这就为新媒体的发展提供了更有利的时机，届时新媒体将取得更大的发展。

三、新媒体时代内容生产的趋势

与传统媒体相比，新媒体的即时性更强，也突破了时空的限制，它不仅改变了媒体的信息生产和传播方式，也使媒体行业的经营形式呈现出新的特点，进而影响到用户的消费习惯。如今的文化市场对各种数字信息内容（如广告传媒、影视制作等）的要求逐渐提高，这就意味着经营者需要更加重视内容生产。

既然媒介环境发生了变化，内容生产也需要与时俱进。为了满足市场需求，内容生产者应该充分利用各种信息资源及时更新思维，不断发掘具有潜力的信息内容，升级产品形式，拓宽业务范围。

（一）内容呈现的多终端化

移动互联网的普及推动了媒体形态的多样化发展，无论是台式计算机、笔记本，还是平板电脑、智能手机、电子阅读器，抑或是互联网电视，都能够满足用户对海量信息的需求。除了向用户提供所需信息外，它们还新添加了其他各式各样的应用，用户如同身处由多样化内容终端构成的信息网络中，在任何时间、任何地点都可以参与信息交互与传播。此外，各种新型终端不仅能够呈现信息内容，还能使用户成为信息传播主体，内容生产将趋向平台化发展，颠覆传统的信息生产、集成及销售模式。

（二）内容产品的社区化

进入新媒体时代，媒介产品的生产者致力于在用户与媒介之间形成一种新的、更加相互依赖的关系。如今，除了新闻内容及用户所需的各种信息之外，网络游戏、娱乐产品、社交产品等都属于新媒体内容生产的范畴，这意味着新媒体内容的生产已经过渡到内容与关系相结合的生产阶段。

用户在购买内容产品时，除了考虑该产品的实用性之外，往往还考虑能否满足与其他用户之间的交流互动。所以，在新媒体时代，社区除了能够进行产品与品牌的推广之外，还能在内容生产方面发挥作用，经营方也可以用它来整合多样化的产品。

这就要求产品研发者将社区与内容融合为一体，满足用户的多样化需求，使用户对媒介产品的依赖性逐渐提高，同时加强与其他用户的联系。

（三）内容生产主体的多元化

在新媒体时代，受众的被动地位发生了明显的改变，每个用户都可以成为传播中心，通过微博、微信、播客、网络论坛和社区传播信息，而且这种传播不会受到时间与空间的限制。

与传统互联网时代相比，移动互联网时代下的内容生产呈现出新的特点：用户的活跃性提高，受众在接收内容后能够加以改造创新，作为新的传播主体与其他人共享信息内容，等等。除了机构性生产之外，个体生产也成为新媒体内容生产不可或缺的一部分。

在媒介生产技术不断提高的今天，将会有越来越多的人成为个体性内容生产者，由用户自己参与制作的信息内容也将获得更多人的青睐。

第二节　自媒体运营策略

一、自媒体平台运营现状分析

随着微博、微信、博客、贴吧等网络社区的流行，自媒体也成为人们热议的话题。互联网的发展，为自媒体的崛起提供了技术基础，微信订阅号、知乎、钛媒体、荔枝FM、B站等平台迅速兴起，越来越多的具有影响力的公众人物开始通过上述社交媒体，将自己的经验、感悟、评论等与大众分享，拉近了普通用户和公众人物之间的距离，因而吸引了大批的用户，同时也吸引了大量的广告商和赞助商。

为什么越来越多的人热衷于经营自媒体？克莱·舍基（Clay Shirky）在《认知盈余》一书中提出了"认知盈余"这一概念，资深媒体人连清川将"认知盈余"解读为：每个人在工作、生活中，会接触到不同的信息及知识，并会产生一定的感悟，当这些体验、知识超过了自己所需的数量，就需要进行分享、销售。而社交媒体恰好能为公众分享自己的感悟、体验提供一个交流沟通的平台。

在分享自己的感悟、体验、知识等内容的过程中，原创者有机会获得一定的粉丝及经济报酬，在利益的驱动下，自媒体将会越做越大。

随着移动互联网的发展、人们对自我认识的深化，社会逐渐去中心化，催生出大量的自由职业者，自媒体开始迅速发展。虽然自媒体的发展潜力巨大，但在发展过程中，更多的自媒体由于各种原因而被市场淘汰。至2020年，市场上的微信自媒体平台已经超过1 000万个，但能获取利润的则不到1%，更多的微信自媒体平台面临生存的困境。

当前，我国自媒体市场的体制还不完善，存在抄袭现象，原创自媒体人的权益得不到保障，而部分依靠抄袭成长起来的营销账号则获得了发展。

中国的自媒体人在运营自媒体的过程中，需要面对以下问题：难以满足受众需求，传播范围有限，盈利方式被动，内容生产成本高，抄袭成风维权难，平台资源分散，管理经验不足等。而营造一个健康的自媒体生态圈，需要建立起行业规范，在满足自媒体人需求的同时，创造一个有秩序的市场环境。

二、标准化运营：摆脱“网红”标签

（一）摆脱“网红”的怪圈

“网络红人”和“营销号”的本质都是依靠流量获得收益，粉丝数是唯一的衡量标准。因此，为了吸引更多的用户，并留住现有的粉丝，部分“网络红人”大肆抄袭，甚至发布一些低俗的内容，以吸引用户订阅。但这种做法无异于饮鸩止渴，最终会被市场所淘汰。

根据调查显示，最困扰自媒体人的问题是成本太高而收益过低。自媒体的运营需要包括内容运营、商务合作、产品开发等环节，“团队化将成为自媒体未来的一个出路”。

自媒体行业必须完善相应的体制机制，摆脱“网红”的怪圈，打造一个有序的市场环境。因此，自媒体自身要运营健康的内容，同时还要依托其他平台支持。而自媒体要想顺利发展，则需要平台提供一个“去中心”“标准化”“可复制”的环境。

（二）自媒体的标准化之路

随着移动互联网的发展，用户的阅读习惯也在发生变化，移动化正成为未来阅读的发展趋势，与之相对应的是，自媒体和新闻客户端成为用户阅读的入口。但是，就目前发展来看，虽然自媒体影响力巨大，但其商业价值却难以有持续性的提高。

目前，自媒体市场还比较混乱，对于它的分类还没有一个标准的规范，同时其评价机制也不完善。虽然自媒体人曾试图从兴趣和行业的角度来细化自媒体，但成效甚微，商业价值依然没有起色。

要发挥自媒体的商业价值，需要建立起标准化和可复制性的市场机制，因此可以将自媒体的品牌影响力和渠道覆盖当作一种商品，用“量化”的方法去衡量它的价值。目前，自媒体市场上的标准化服务主要由新媒体指数、一道自媒体平台等提供，同时一道自媒体平台还在阅读数（影响力）、标签化（垂直）、刊例价等方面对自媒体市场进行规范。

大多数自媒体在自媒体标准化上采用报价表的形式，这种报价表与刊例价相类似，但它更加传统，并且没有统一的标准化规范。而一道自媒体的刊例价模式则是排除一些干扰因素，如粉丝量，给予自媒体极大的自主权，可以自行分类、自我报价，并且自媒体还将持续统计阅读量。采用这种标准化的自媒体，在广告投放、软文投放的初期就可以预测到效益情况，因而能够吸引更多的广告商和赞助商。

随着自媒体市场的进一步标准化和规范化，未来的自媒体将以垂直化和专业化为发展趋势。当自媒体发展到一定程度时，将能够满足广告主的要求，自身的商业价值也将凸显出来。

目前，自媒体平台的发展为公众分享感悟、体验及知识提供了平台，但自媒体市场的秩序还不规范，需要自媒体人及自媒体平台共同努力，打造一个标准化、规范化的自媒体市场。

第三节　新闻APP运营策略

一、新闻APP的三大主流模式

新闻APP虽未按照运营商最初预期的那样发展，但是新闻APP作为一个成功迎合移动互联网时代特征的移动化产品也有其独到之处，一些新闻APP根据市场的特点走出了一条创新发展之路，并在市场上取得了不错的成效。

（一）专业型

专业型媒体的高质量的内容使其与其他类型的媒体有较大的区分度，在市场上受到了消费者的一致青睐。而新闻APP作为传统媒体在移动互联网空间上的延伸，其专业性的特征也比较容易打开市场。

英国的《金融时报》自上线APP以来，影响力获得大幅度增长，如今已经成为一款国际产品。它的付费用户中超过2/3是数字用户，并以其专业性的优势沉淀了大量的忠实用户。

（二）地域型

媒体上线APP应用的一大优势就是使产品的辐射范围从一个区域扩展至全国，甚至世界。然而一些媒体却反其道而行之，强化新闻APP的地域特色，增强本地生活资讯属性，依靠本地区的受众也取得了良好的效果。

苏州广播电视总台开发出的地域型新闻APP“无线苏州”就是一个典型的代表。“无线苏州”是一款城市新闻生活类APP，主要为本地用户提供新闻资讯、路况信息、天气预报等城市生活资讯。它创造性地将城市服务信息、新闻资讯传播、公共信息查询等内容融为一体，地域性与去媒体化色彩浓厚，吸引了当地大量的忠实用户。

地域特色是“无线苏州”APP的主要特点，下载移动客户端的用户可以借助这个APP实时掌握苏州的生活类资讯，如查询苏州的天气情况，找到周边的公交站、地铁站等。坚持地域特色使“无线苏州”APP成功获得了大量的本地用户。如果结合LBS服务技术，引入商家入驻平台，并为这些商家提供营销服务，其商业发展前景将无限光明。

（三）服务型

在服务型新闻APP中，“深圳晚报”APP是一个典型案例，该新闻APP主要服务于用户所需要的新闻资讯与生活服务两大领域，新闻资讯方面开发出了“即时”“体育”“娱乐”“资讯”“天下”等多个模块，新闻范围覆盖全球，实现了热点事件实时报道。另外，该APP还增加了“一键报料”功能，用户可以将自己身边发生的突发事件上传至APP中与广大用户分享。

此外，在“深圳晚报”APP中，新闻内容的个性化与定制化也得到体现，用户可以随时分享、收藏自己感兴趣的新闻、图片，对新闻内容进行评论、点赞，而且还能实现与发稿人的实时互动等。除此之外，“深圳晚报”APP还开发了与硬件相结合的社区服务，用户通过APP，可以完成社区便民服务、公共事业缴费、生鲜购买等多种类型的综合服务。

二、内容：多元、即时与不可替代

上述主要是从宏观层面对一些成功的新闻APP的特点进行分析，对当下陷入困境的传统媒体来说，更为重要的是从微观层面进行分析，以新闻APP的内容、表现形式、用户定位、营销推广、盈利模式等多个角度作为切入点。

当下大多数传统媒体APP的主要内容来源还是自己的线下内容，将线下资源实现“移动化”。

新媒体在内容的生产上创造了更多的形式，除了平台上的专业人士负责撰写文章之外，还将平台作为自媒体时代用户生产内容的载体，出现了以“鲜果”APP为代表的UGC（用户创造内容），以“搜狐新闻”APP为代表的PGC（专业人才创造内容），以及以“今日头条”APP为代表的AAC（算法创造内容）。

移动互联网时代，传统媒体的APP应用应该尝试从多渠道通过多种方式创造内容，要学会顺势、借势、造势，积极拥抱自媒体这一风口，平台应更多地引入用户原创内容，通过合适的激励机制让具有专业能力的人才为平台贡献内容；实现内容的精准分类，让用户更加方便地阅读自己需要的内容，优化阅读体验；向用户提供查询搜索服务，方便用户查找阅读。

内容的独特性也是传统媒体新闻APP获得成功的关键，可以向用户提供一些独特的原创信息产品，组织各种各样的用户活动，使新闻APP与其他的竞争者形成明显的区分度。

三、表现形式：简洁夺目与稳定亲和

媒体需要通过差异化形式将所有内容向用户展示出来，这也是塑造品牌文化的关键。

媒体APP的表现形式应该考虑简洁明了、吸引眼球、亲和友好、持续稳定等几个方面的要素。

简洁明了的设计与操作能让用户获得良好的体验，账号申请流程、推送消息的阅读机制、历史记录查询等方面都可以进行优化。例如，“金融时报”APP的成功和其简单实用、风格清新的特点是分不开的。

媒体APP的设计还要考虑开放性。自媒体时代注重共享与开放，平台上内容的下载、上传、阅读都应该是由用户根据自己的喜好决定。开放、自由、平等的基本原则在新闻APP中同样适用，只有真正地为用户考虑，才能真正地拥有用户。

亲和友好与持续稳定也是新闻APP在表现形式上要考虑的重要因素。一个与用户终端兼容性存在问题、经常崩溃的APP是不能沉淀用户的。

四、盈利模式：内容限免与小额打赏

目前，很多媒体的APP主要采用下载收费的盈利模式，但仅有小部分专业性的财经类新闻APP能成功实现盈利，其他类型的新闻APP在这种盈利模式下很难有所发展。为打破这一局面，一些媒体APP开发出了内容限免、小额打赏的盈利模式，用户只需花费很少的费用便可获得优质的内容。这种盈利模式通过长尾效应创造更高的价值，在实践中获得了不错的效果。

（一）内容限免

付费才能获得内容的盈利模式会损失掉一大批潜在用户。一些有创造性的新闻APP运营者设计出了多种盈利模式，例如，针对文章的热度采取不同收费标准的支付体系；对一些优质的内容，用户只能免费阅读其中的一部分，付费后才能阅读全部内容，等等。

英国的“经济学人”APP的用户每周可以获得3~6篇免费阅读的文章，其他优质的内容只能付费阅读。这种内容限免的盈利模式可以使平台在稳定现有用户的基础上，成功地吸引潜在用户。

（二）小额打赏

基于长尾效应的小额打赏也是新闻APP实现盈利的一种重要手段。

“鞭牛士”（Bianews）APP上的IT新闻就是采用此种收费方式，借此平台获得了不错的收入。其实这个APP上的所有内容用户都是可以免费获得的，但如果用户认可某篇文章，可以支付小额的费用作为激励，这种收费方式更加人性化，受到了大量用户的好评。

（三）使用服务收费

使用服务收费主要是指新闻APP对平台中的资讯类实用服务采取付费阅读模式，例如，资料搜寻服务、将文章转化为PDF文档、获得高清晰度的图标及某项重要的数据等，都可以向用户收取少量的费用，毕竟用户对这些稀缺内容的付费比较认同。

（四）周边衍生产品的设计与销售

媒体完全可以将APP平台定位成一个管理客户关系的综合系统，根据对用户需求的分析找到用户所关注的热点，设计出相应的周边衍生品，在这些产品的设计中征求用户的意见，增强用户的参与感，让其成为一种满足用户需求的定制化周边衍生品，这种模式的产品生产与销售投入较低，而且比较容易被消费者接受。

五、用户定位：强化互动与鼓励分享

目前，国际上对成功APP的衡量标准主要是其在APP市场（APP Store、Google Play）中的排名，而在APP市场中的排名受到下载量、评论、用户流量、转化率、激活率等多种因素的影响，其中最为关键的因素是与用户管理直接相关的用户下载量与评论。

（一）强化互动

在移动互联网时代，媒体APP要想获得成功，离不开优质用户体验的创造。

媒体通过APP与用户建立了情感上的联系，从这一角度来讲，APP其实可以称为“用户管理平台”。可以通过运营微信公众账号与用户实时沟通交流，让用户在内容的生产与表现形式上提出批评、建议，这样可以使其获得存在感与参与感，以主人翁的姿态参与到媒体APP内容的创造过程中来，增强用户对品牌的忠诚度。

（二）鼓励分享

对于一些为APP提供优质内容的用户，可以给予一定的奖励，既可以是物质奖励也可以是精神奖励，这种方式在提升用户对品牌的归属感与忠诚度方面具有极大的优势。一套完善的内容分享激励机制的建立，是实现这种方式持续稳定发展的重要保证。通过内容分享功能，用户可以将感兴趣的内容共享到各大社交媒体平台上，以用户分享的方式将品牌推向更大的市场。“今日头条”APP的成功就是一个典型的案例，用户在阅读完平台上的内容后，可以将自己认可的内容一键分享至微信、微博，也可以将其通过短信、彩信、E-mail等方式实现共享。另外，延伸阅读功能的开发能为消费者提供与其兴趣爱好一致的内容，对积极参与优质内容共享的用户给予一定的奖励，在新闻媒体与用户之间建立深层次的情感连接，提升用户对品牌的忠诚度。

六、营销推广：多触点延伸与新旧媒体互推

传统媒体大规模进军APP市场，在一定程度上造成了用户对某种产品关注度与黏性的降低。结合当下的市场环境，用户关注度与黏性的维系主要通过两种手段：多触点延伸与新旧媒体互推。

（一）多触点延伸

多触点延伸即使媒体的新闻APP与产品APP形成对接。例如，“网易新闻”APP与“网易云音乐”APP、“有道词典”APP对接，“百度新闻”APP与“百度魔图”APP对接等，将产品APP的用户流优势发挥出来。而且新闻APP在推广产品APP方面具有极大的优势，形成对接后能相互促进、协同发展。另外，媒体的新闻APP还可以与其他品牌的APP进行合作，例如，以墨迹天气、搜狗输入法为代表的日常APP拥有海量的用户流量，可以通过与它们的合作来对新闻APP进行品牌推广。

（二）新旧媒体互推

新媒体与旧媒体之间可以互相推广，例如，传统媒体在纸质产品营销推广过程中，可以以多种形式向用户推广数字化的媒体APP，同样，也可以在APP中通过内容营销等手段进行纸质媒体的推广。《京华时报》的纸质产品中就添加了新闻APP的二维码，扫码直接下载，极大地带动了媒体APP用户流量的提升。

说到底，媒体进行新闻APP的开发是要顺应移动互联网时代的移动化发展潮流，但是对于一些中小媒体公司来说，不需要将自己限制在独立研发APP的思维定式中，媒体完全可以借力第三方综合服务平台，通过自媒体在新时代的市场竞争中找到自身的位置。

在传统媒体新闻APP的发展过程中，需要克服自身在技术与思维方式等方面的劣势，与拥有技术优势的合作伙伴协同发展，同时发挥自己在信息资源占有方面的优势，结合移动互联网时代大数据与云计算技术在内容生产上发挥出来的巨大作用，最终走好移动化生存之路。

第四节　企业新媒体运营策略

一、新媒体给企业发展带来的机遇与挑战

移动互联网时代的到来带来了信息飞速传播的新局面，在这一局面下，人人都可成为“自媒体”，这种现状带来的信息影响力是惊人的，一件小事能够迅速蔓延至全国，同样地，一个突发事件也可能波及整个行业。

那么，企业应当如何抓住这个机遇，同时有效规避其所带来的风险呢？

传播渠道的不断变革升级，使得与企业相关的很多信息都被曝光在公众视野之中。为企业的发展营造良好的舆论环境，显然已经成为各企业在发展中必须面对的新课题。

因此，企业应在新媒体发展的大潮中抓住机遇，因时制宜，不断升级和革新企业的宣传策略，迎合大众新的信息接收习惯，只有这样才能为企业的发展铺平道路。

那么，新媒体对企业发展有哪些作用呢？

（一）新渠道出现，让企业直面公众

新媒体在很大程度上突破了时空的限制，传播方式更加多元，速度更快，范围也更广，这样的传播影响力极大地超越了传统媒体。

新媒体传播的即时性能够打通企业与大众沟通的渠道，企业可以更快、更准确地收集公众的意愿、偏好、意见并进行分析，从而有针对性地调整公司发展战略。

当然，信息传播速度的加快也给企业危机公关带来了巨大的压力。由于事件的传播速度加快，爆发力强，一些局部的小问题都可能迅速地在网络上被人为地发展、变异、扩大，最终发酵成足以影响整个企业的大事件。

（二）新媒体带来企业营销的新平台

因为新媒体的到来，传统营销方式中存在的传播壁垒被突破，丰富的智

能终端使传播途径更加多元与便捷，与公众的交流呈现出随时随地的特点，企业的信息更加方便、快捷地传递给公众。不同的平台也成为企业树立品牌形象、维护品牌运营及推广业务的广阔阵地。

企业营销推广的效果由于借助新媒体而成倍增长，也许因为某个无意间的传播，就会形成一传十、十传百的效果，企业没有投入成本，效果却远远强于高成本的广告。因此，目前微博、微信、社交网站等已经成为企业的营销新渠道。

二、移动互联网时代的企业媒体运营策略

在新媒体时代，企业要想生存，不仅要做好自己的产品，还要学会“说”好自己的产品。全媒体效应营造了信息流速加快的环境，企业要学会利用不同的媒体来优化自己的宣传效果。

具体来说，企业应当认识不同媒体的特征，分析不同媒体适合宣传的方向，做到有的放矢、科学分配资源，只有“知媒”才能将媒体的价值最大化。

（一）知媒：深度了解不同媒体的特性

媒体具有侧重点不同的特性。如果企业能够了解不同媒体的特点，做到“知媒善用”，往往能事半功倍。

自媒体是各种网络信息传播渠道的综合体，例如，微博可以将企业网站、论坛、新闻等内容串联在一起，一条龙式地推送给读者。因此，企业要学会挖掘微博的综合性功能，不仅要利用微博传递企业信息，还要通过微博与用户进行沟通交流，使得微博成为企业进行营销推广及延伸自身服务的新渠道。

由于目前以报纸、广播、电视等为主的传统媒体依旧发挥着传递重要信息，尤其是具有“官方”属性的信息的作用，所以其地位仍旧是不可撼动的。传统媒体依旧是企业应当关注的推广渠道，尤其是对于大型央企来说，传统媒体依旧是其向公众传递信息的重要平台。

（二）善用：学会利用媒体特征来最大化价值

1. 不同的内容匹配不同的媒体

由于不同的媒体特性不同，所适用的传播内容也是不同的。例如，传统媒体适合于承载大篇幅的报道，而新闻简讯和实时快报则适合在网络媒体上

传播。以图片为主的信息直观性较强，适合在微博等平台上传播，而叙述性、故事性较强的内容则各种媒体都比较适宜。

所以，企业应当根据自身的发展需要制订策划方案，再投放到适合的媒体上去。

2. 综合运用不同的媒体

在新媒体时代，媒体的综合运用效果要远远高出一个媒体的单独运用。据调查显示，一则新闻如果只在电视台播出，其受众覆盖率仅为17%；而一旦与互联网进行联动，覆盖率就会上升到90%。户外广告也是如此，对接互联网之后，比之前单纯的户外广告要高出75个百分点。

由此可见，综合运用不同的媒体可以将一个事件的效应最大化。企业在进行推广的时候，应当注意运用不同的媒体从不同方面来对事件进行报道，从而形成一个立体化的事件效应。

3. “说话”的学问

通俗地说，媒体传播就是把信息的内容“说”出去，而如何说得精彩，如何使说的内容让受众愿意听，则是一门学问。

企业希望受众“听到”什么，希望媒体传播什么，这就是“说什么”，是信息传播的目的。而通过什么途径、以什么方式进行传播，就是“怎么说”，这是传播的手段。二者对于营销效果的达成都是十分重要的。

企业要宣传，能说的内容非常多，但是要想达到最终目的，必须注意说话的方式。例如，哪些信息没有时间上的要求，而哪些信息需要在第一时间传播出去；哪些信息对于企业的价值大，而哪些信息的价值较小，等等。企业需要在新闻策划上下足功夫，对这些信息进行有序分类，按照重要程度等次序合理传播。

（三）会管：学会应对和处理网络舆情

自媒体时代极大地消除了传播边界，传播中心遍布的局面也带来了事件效应放大的必然结果。网民发表言论的途径众多，微博、微信、论坛等数不胜数，使得微小的事件都有可能会被无限放大，如果企业不重视，后果将不堪设想。这就给企业的危机公关带来了前所未有的压力。企业应当重视网络舆情，研究其发展规律，提高应对危机的能力。

1. 建立健全舆情监测机制

要想应对舆情带来的影响，首先就要“知彼知己”，及时获知舆情。因此，企业应当对全网舆情建立全日制的监测机制，及时捕获负面舆情，在其萌芽期及时预警，做到积极引导，冷静处理，为接下来可能发生的舆情走向做好准备。

2. 建立危机应对机制

危机一旦发生，企业的危机应对机制就应该发挥作用了。企业不仅需要建设一支具备敏捷反应力、强大的事件处理能力的危机公关队伍，还应当在日常维护中同媒体保持良好的沟通和和谐的关系。

企业应利用媒体工具对负面舆情进行积极引导，对于发生的事件，尤其是重大事件进行全面深入的报道，反映事件真相。此外，企业应支持媒体的合理工作，尊重媒体所报道的客观事实及揭露的市场规律。

总而言之，对于企业来说，新媒体时代是一个机遇与挑战并存的时代，企业可以趁势而上，但一不小心也会沉没其中。如何抓住机遇，迎接挑战，这是每个企业都必须思考的一个问题

对于企业来说，迎合时代趋势制订发展策略是重中之重。以宣传工作为例，企业的宣传需要树立新的发展理念，深入了解不同媒体的特点，学会利用媒体进行恰当的信息推送，在监控危机、面对危机等方面有一套完整的机制，只有这样才能迅速融入这一新的发展态势中来，建立起迎合时代发展的宣传模式，为企业在新媒体时代的发展保驾护航。

三、社交媒体营销策略

如今，社交媒体在我们的生活中扮演着越来越重要的角色，人们在社交媒体中花费的时间呈现出快速增长的趋势。而社交媒体营销在企业众多营销渠道中的地位也越来越高。

国外的Facebook、Twitter，国内的微博、微信，这些拥有亿级用户流量的社交媒体平台成为企业进行战略布局的新战场。全球知名职场社交平台领英（Linkedln）在北美地区进行的一项用户调查显示，80%以上的小企业选择社交媒体平台作为品牌的重要推广渠道。

仅认识到社交媒体在企业发展中的重要作用还不够，更为关键的是如何

借力社交媒体平台使小企业的发展迈上更高的台阶。以下是几种小企业布局社交媒体平台的有效手段。

（一）尽可能地掌握目标用户信息

对企业来说，用户定位的精确性是企业实现价值变现的关键部分，社交媒体平台上的用户群体存在一定的差异，需找到与企业产品相匹配的目标用户，通过多种途径掌握用户的生活方式、消费需求、兴趣爱好、关注点等。

移动互联网时代，企业掌握的用户数据越多，产品与服务设计过程中越容易出现亮点，这样在市场中才能火爆。

（二）尝试多种社交媒体平台，找到最佳选择

与企业品牌特点相一致的社交媒体平台，会让企业的社会化营销取得事半功倍的效果，但做到这一点绝非易事。一些用户流量极高的社交媒体平台，如Facebook、Twitter、微信、微博等，并不一定能将企业的产品推广给合适的受众，而一些用户流量相对较少的社交媒体平台反而存在大量的潜在用户。企业应尽可能多地尝试不同的社交媒体平台，从而找到最适合自身营销的有效载体。

（三）使用社会化媒体运营管理工具

在多个社交媒体平台上进行品牌推广是一件很繁重的工作，企业要投入大量的资源去进行管理，在这种情况下，企业迫切需要低成本、高效率的社交媒体运营管理工具来帮助其处理日益繁重的工作，例如，Ping.fm、Hellotxt、HootSuite可以将用户的多个社会化媒体账号统一到一个网页中，实现一键管理。

目前，国际上社交媒体运营管理工具的应用已经十分普遍，在多个垂直细分领域都有所发展。例如，以Social Mention为代表的社会化倾听管理工具，以Argyle Social为代表的社会化对话管理工具，以Engage Sciences为代表的社会化营销管理工具，以Socialbakers为代表的社会化分析管理工具，以Klout为代表的社会化影响指数管理工具。

当下国内的社交媒体管理工具主要有孔明社会化媒体管理平台、蜂巢社交管理系统、微博管理行家、微动等，其中有收费的，也有免费使用的。企业可以先尝试一下免费的管理工具，熟练掌握后再根据自己的需求去选择合

适的管理工具。

（四）可视化内容创造

营销内容的重要性不言而喻，合理的图片、视频与文本的结合能让企业所推广品牌内容的可读性提升，与纯文本的内容相比，图片、视频更能提升情感体验，激发用户的互动欲望，从而为产品设计提供宝贵的用户评论数据。

（五）提升粉丝忠诚度与归属感

社交媒体平台选择与营销内容方面的工作完成以后，企业还要考虑如何建立忠实的粉丝社群。获取用户并不代表用户会对企业保持持续的关注，一个社交媒体的用户可能会同时关注十几个公众账号，而经常关注的账号通常只有 2~3 个。

身为一名社交媒体平台的营销人员，应该认识到社会化媒体对企业来说是一个掌握潜在用户动态信息的平台，不应该向用户提出过多的要求，而要尽量保持与用户的实时互动，提升用户对企业品牌文化的认同感与归属感，与粉丝之间形成相互信任、协同发展的合作关系。

（六）制订并严格执行社会化媒体发展战略

企业在进行社交媒体营销时，需要制订相应的发展战略，使各项工作能够按照规章制度持续稳定地运行，同时，企业需要制订相应的考核指标督促员工认真执行。此外，强化团队意识，使员工树立共同的理想与目标，共同努力、共同进步也尤为重要。

（七）保持足够的耐心

社交媒体营销需要经过长期的积累才能见到一定的成效，这个时间有时会长达几年。在这个过程中，企业需要保持足够的耐心，毕竟真正伟大的创造属于为之痴迷、为之奋斗的坚持者。

如今，社交媒体营销已经成为营销领域的重要组成部分，社交媒体营销是移动互联网时代小企业走向成功的必经之路。只有善用社交媒体营销的企业，在未来才有足够的竞争力。应用社交媒体营销等于找到了一条获取海量用户资源的重要途径，由此沉淀下来的用户群体也更具有认同感与归属感，这会使企业在激烈的市场竞争中获得巨大的优势。

第三章

新媒体盈利模式分析

第一节　盈利模式的内涵

一、盈利模式的理论渊源

美国的亚德里安·斯莱沃斯基（Adrian J. Slywotzky）等几位学者在《发现利润区》（*The Profit Zone*）一书中最早提出了盈利模式的系统性思维。他们认为：一个行业的利润区间是可变的，在整个产业链（价值链）上滑动，有时整个行业都存在利润，而有时也可能整个行业都无利润，如所谓的夕阳行业。要发现行业的利润区，关键是要找到行业盈利要素及其之间的匹配程度。匹配度越高，则利润越丰厚，称为高利润区；一般匹配或低匹配度的，就是平均利润区、低利润区或无利润区。盈利模式构建了盈利要素之间的匹配模式。

此外，美国哈佛大学的战略专家迈克尔·波特（Michael E. Porter）提出的“价值链”（Value Chain，又可以称为Business System）概念也是盈利模式思想的主要来源之一。波特认为，“把整个企业的上、中、下游看成一条价值链，上下游关联企业之间存在的是产业价值链，企业内部经营中相互关联的业务单元之间构成了企业的价值链”。这些价值链不是自然结合而成的，而是基于企业定位和独特的价值观而形成的。波特说，“必须有一个与众不同的、为客户量身设计的价值链。”制造、营销和物流必须有自己的特色，能够显著区分于竞争对手。因此要精心设计打造一条“价值链”，必须以差异化为目的，以核心资产为重心，以各环节的匹配为条件，整合而成。所以企业盈利能力的大小，与价值链的设计及核心能力的运用密不可分。

二、盈利模式的定义

对于盈利模式，大多数文献只是对一些成功企业的管理进行分析，归纳总结了盈利模式所包含的内容，对相应的条件进行了描述，并没有一个明确的定义。有一种观点认为，盈利模式是在企业经营过程中对要素的价值进行识别和管理，寻找商业元素，即寻找获利机会，寻求企业利润的产生过程和系统的输出方法。从另一个角度来看，它通过整合自身及利益相关者的资源，形成新的组织架构与利益分配机制，进而实现企业价值的再造。

简而言之，盈利模式（商业模式）是企业赚钱的渠道与模式。盈利模式需要解决的是企业从哪里获利？怎么获利？有谁可以与之分担共同的风险与成本？任何企业都有其业务结构及商业结构，但并不是所有企业在经营过程中都能体现出效益与效率，这也就是为什么不是所有的企业都能盈利的原因，即不是所有企业都有盈利模式。在同一行业的企业，由于定位与业务结构的不同，其收入、成本结构及盈利模式也会有所不同。即使是定位与业务结构完全一致的企业，盈利模式也可能完全不同。

长期以来，不少企业管理者都把主要精力花费在市场份额的占有及其收入的增长上，想当然地认为只要定位确定了，拥有顾客群，利润就会随之而来，而忽略了如何盈利。他们认为只要能够生产或提供让顾客喜爱的产品（服务），然后用收入扣除成本，就是产生的利润。在这里，笔者必须要指出，这种盈利模式会让企业的日子一天比一天难过。

原因很简单，这种盈利模式通常依赖于主营业务收入的直接销售，收入来源比较单一。由于同行业内的企业在产品、服务、定位、业务系统、成本结构和营销模式等方面存在同质化，所以随着企业数量的增多，竞争日益加剧，这种相似的盈利模式会使利润非常稀薄。为了与竞争对手抗衡，争夺市场，企业不得不进行一轮轮的价格大战，最终导致主营业务利润越来越稀薄，甚至是亏本。

三、盈利模式的构成要素

有学者提出，任何企业，其盈利模式都可以归纳为一个中心加四个基本点。一个中心就是价值创造的活动，四个基本点即构成盈利模式的四要素，分别为：针对的盈利对象、企业的盈利增长点、采用的盈利措施和采取的盈利屏障。盈利对象是指被企业锁定的，购买或使用企业提供的商品或服务的特定人群，他们是企业利润的唯一来源，是能够为企业带来价值的目标客户群。企业的盈利增长点是指该企业获得盈利凭借的方式，例如，企业的产品或服务能够为客户创造的价值，企业获利的途径和渠道，等等。盈利增长点按照重要性原则可以分为主要、辅助和潜在盈利增长点。评判盈利增长点的好坏，主要看其是否针对客户的需求与喜好，是否能够为企业带来价值的同时也为客户——企业利润的源头创造价值。企业在挖掘盈利增长点时，应先对其需求有较全面和深入的认识与了解，这样才能发挥竞争优势，创造出优质的盈利增长点。盈利措施主要反映的是企业的投入，是企业在生产经营过程中为了吸引顾客和使用者所采取的一系列经营活动，它解决了实现某个特定的盈利增长点所必须提供的关键问题。盈利屏障是指企业为防止利润被竞争者蚕食与瓜分所采取的防范措施，虽然与盈利措施一样，均表现为企业的投入，但两者还是具有显著区别的，盈利措施强调的是获取“奶酪”为我所有，而盈利屏障则强调保护“奶酪”不为别人所动。

这些要素的不同组合，能够形成不同的盈利模式，构建不同的产业链和价值链，最终体现在收入与利润上。作为获取价值的方式与途径，盈利模式具有可复制、不断变化的特性，今天的盈利模式，明天可能就不能再为企业带来利润，也就无法再称之为盈利模式。一个企业为了生存，需要适应市场的变化，并随着客户需求的变化不断探求新的盈利模式。

第二节　内容型新媒体的盈利模式

本节选取了百视通作为研究对象，对其特点、盈利模式及存在的问题进行深入研究与财务分析。

一、百视通案例背景介绍

百视通新媒体股份有限公司是上海广播电视台旗下、由上海东方传媒集团有限公司（以下简称SMG）控股的公司，2015 年 6 月百视通新媒体股份有限公司和上海东方明珠股份有限公司进行了换股吸收合并，并购重组完成后更名为上海东方明珠新媒体股份有限公司，2017 年 8 月再次更名为东方明珠新媒体股份有限公司。为便于理解，以下将该公司简称为百视通。

作为国内领先的IPTV新媒体视听业务的运营商、服务商，百视通依托SMG的综合优势，拥有着强大的视听内容创作与生产、新媒体产品开发与应用、交互产品管理与操作的能力，同时，百视通与微软、思科、华为等国际知名企业合作，在网络电视（IPTV）媒体运营管理平台方面积极探索。百视通被国际媒体评价为全球最著名的IPTV产业品牌之一，在国内IPTV产业中处于龙头地位。

百视通的控股股东SMG是中国最大的广播电视传媒集团之一，其品牌的知名度、影响力均位于中国传媒产业前列。SMG拥有 15 套模拟电视频道和 11 套模拟广播频率，并经营宽带电视、互动电视、高清电视、手机电视及IPTV业务，主办、参股经营了多种报纸、杂志和新闻网站，其中“东方卫视”“第一财经”等品牌已经成功挤入了中国媒体行业一线品牌之列。SMG进行多媒体布局，基本实现了媒体的跨终端覆盖，跨媒体、跨行业的合作经营。

2005 年 3 月，国家广电总局所颁发的国内第一张IPTV集成运营牌照被SMG获得，并获准将“BesTV百视通”作为IPTV的业务呼号。同时，SMG与中国电信、新联通集团签订了一项合作协议，共同在上海及浙江、福建、黑龙江、辽宁、陕西等省市开展IPTV业务运营，把IPTV业务的服务范围从上海扩大至中国大陆 70%以上的区域。

本节之所以选择百视通作为案例研究的对象，主要原因如下：

（1）百视通属于上市公司，财务报告定期披露，能够比较容易地取得相关研究数据。

（2）百视通的盈利模式具有特色。对于百视通，我们不能以平常的广电企业来看待，它集聚了家庭互联网入口、移动互联网、国际业务、视频业务、电子商务、游戏等业务于一身，具有全媒体平台的价值。

（3）百视通在 2012 年收购了风行网，全力打造OTT平台，力争成为网上的SMG。

综上所述，本节选取百视通进行调查研究，试图挖掘和发现百视通盈利模式下存在的特性与问题，为当前新媒体企业盈利模式的研究找到本质的源头。

二、百视通盈利模式分析

下面用主营业务收入、盈利能力及深潜指标三个财务分析指标来对百视通公司2012—2016年的盈利模式进行分析研究。

（一）主营业务收入：与战略目标相匹配

1. 主营业务收入结构

百视通2015年的主营业务收入分行业、分产品情况见表3-1。

表3-1　2015年百视通主营业务收入构成明细表

分类	主营构成	主营业务收入（万元）	收入占比（%）
按行业	信息传播服务业	260 102.11	100.00
按产品	IPTV及OTT收入	207 917.91	79.94
	手机电视	11 211.96	4.31
	舞美演艺策划制作	11 897.51	4.57
	设备销售及租赁	18 875.15	7.26
	互联网带宽资源租赁	1 334.77	0.51
	信息传输及技术服务	7 094.00	2.73

经过努力，百视通已经形成了IPTV、互联网电视、手机电视等主营业务协同发展的格局，未来将继续保持世界上最大的“IPTV内容供应商、技术服务商、市场服务商”行业地位。

（1）IPTV业务。交互式网络电视（Internet Protocol TV，简称IPTV）是一种以电信宽带网络为传输通道，以电视机为终端，集成了互联网、多媒体和通信等多种技术，为家庭提供直播、点播等多样化的交互式服务的数字电视的高级形式。2012年，百视通坚决贯彻“三网融合”的国家部署，积极推进与对接，完成了IPTV总平台、备平台合并等工作，同时，为了抓住“宽带中国”的战略发展机遇，百视通为国内IPTV用户提供了良好的内容、技术与市场服务，并受到客户的高度赞誉。截至2016年底，公司发展的IPTV用户量累计超过5 000万户。同时，百视通若想实现IPTV收益结构的转型、IPTV

业务用户的开发，必须不断地进行产品的创新与优化。2016年，百视通在上海等地累计发展逾100万户的高清用户。2012年，在国内，平均有15%的IPTV用户订购了付费电视节目（PPV），百视通获得了PPV收入80%的同比增长。与此同时，百视通已经在上海完成了近30家品牌广告客户的积累，为开展广告自营奠定了基础。百视通2016年实现广告收入超过4亿元人民币（包括IPTV广告收入）。截至2016年底，百视通已经成功开发20多个垂直“看吧”产品，其中的6项产品采取独立收费的方式。

（2）OTT业务。OTT（Over The Top）是近年来通信业非常流行的一个词汇，它是指“互联网公司越过运营商，发展基于开放互联网的各种视频及数据服务业务，强调服务与物理网络的无关性”。百视通对互联网电视产业进行了综合布局，并于2012年初步建立了互联网云电视平台——“百视云”系统，研发、投产互联网电视机顶盒（以下简称OTT）终端，获得国家相关产业政策的支持，为互联网电视产业布局的全面启动打下了坚实的基础。新研发的OTT“云电视”平台整合了IPTV、手机电视、智能电视、电视支付、增值业务、智能广告等子系统，可同步对接各类网站，如IPTV专网、互联网、移动互联网等，实现了“统一信源、统一片库、统一播控、动态码率、智能分发、多终端适配”，初步奠定了百视通新媒体业务集约化运营的方向。在智能电视的内容方面，百视通已建立了超过40万小时总量的版权片库，包括电影、电视剧、纪录片、动画片、娱乐、艺术人文、体育、财经等。百视通在2013年集成了超过150个电视版本的精品应用（APP）。截至2016年底，在OTT的销售渠道方面，百视通在上海等地已经实现数万台销售，用户对百视通的互联网电视终端及其提供的内容产品接受度良好。百视通为了建设智能电视产业链，与国内外多家内容供应商、网络技术应用提供商等合作，努力寻求新的发展机会。截至2016年，百视通的OTT用户超过1 980万户，其中与兆驰合作的智能电视一体机业务发展迅速，风行电视当年出货量超过300万台，在同类产品中达到市场领先水平。

（3）手机电视业务。手机电视服务也是百视通的主营业务之一，受众可以在Wap平台上，如中国移动、中国联通、中国电信等，也可以使用智能手机应用终端来收看大片、体育赛事等。另外，国内互联网电视的发展还受到了国家广电总局有关加强电视内容服务管控的相关政策法规监管。截至2016

年底，国家广电总局一共核发了七家集成牌照，百视通搭建了互联网电视集成播出平台，将IPTV/OTT的机顶盒绑定客户端，电视内容实现了全业务的覆盖，手机电视转向“精细化运营”。自2013年开始，国内的手机电视运营模式变得更加规范化与精细化。百视通在手机电视产品结构方面作了大幅度的调整，提高了产品的质量和用户的黏性。百视通一直在电影、娱乐、时尚、体育和其他一些手机电视产品市场保持领先，2016年发展了超过130万户的NBA包月产品，增幅同比超过100%，开辟了一个全新的产品精细化运作模式。

（4）舞美演艺策划制作。百视通子公司上海广电通讯网络有限公司在2016年努力实施产业结构转型，取得了显著成效。上海广电通讯网络有限公司2016年50%的收入来自SMG外，市场化率提高近30%，大幅度减少了与SMG的关联交易比重，促进了业务结构转型。

（5）设备销售及租赁。百视通子公司上海文广互动电视有限公司在2016年共完成超过20项系统集成工程，服务了340项市场活动，设备销售市场规模同比提高25%以上，企业运行能力有较大的提升。

2. 各项收入的增长性

2013—2015年百视通营业收入及增长率见表3-2。

表3-2　2013—2015年百视通营业收入及增长率

项目	2013年度	2014年度	2015年度
营业收入（万元）	133 546.52	202 772.84	263 735.09
增长率（%）	—	52	30

2015年百视通实现营业收入26.37亿元，同比增长30%。

（1）IPTV和互联网电视（OTT）业务。百视通的IPTV收入稳定增长，2014年度IPTV和OTT业务实现营业收入14.18亿元，同比增长73.40%。2015年度实现营业收入20.79亿元，同比增长46.62%。

百视通建立了独立的互联网电视集成运营平台、内容服务平台，面向自主研发的OTT、智能电视一体机用户提供“端到端”的高清电视服务。百视通

2015 年发展了 B2B、B2C 相结合的多渠道互联网电视销售模式。截至 2013 年底，百视通累计投放的 OTT、高清电视机顶盒超过 100 万端（户）。百视通对接服务的智能电视一体机用户数量超过 3 000 万。

从驱动业务收入变化的因素来看，百视通 IPTV 业务及 OTT 业务增长迅速，其中 IPTV 增值业务的广告和 PPV（按部点播）增长超过一倍，OTT 业务的用户数和业务收入在 2015 年有显著增长。OTT 业务在 2015 年的收入规模超过 1.6 亿元，风行网的业务收入从第四季度开始并入上市公司合并报表。2015 年，百视通（含风行全年）的广告收入同比增长超过 177%。可见，由于 IPTV 增值业务和其他新业务发展迅速，百视通的业务结构逐步完善，趋向于多元化发展。

（2）手机电视业务。百视通的手机电视业务发力，2014 年电视业务实现营业收入 6 889 亿元，同比增长了 8.55%。2015 年实现营业收入 1.12 亿万元，同比增长了 62.75%。收入的爆发式增长主要源于百视通上半年在手机电视上作了业务上的梳理，取得了不错的效果。

百视通在手机终端开展了手机电视、手机阅读（含有声阅读）、动漫等核心产品，总用户、营收规模领先行业。百视通的手机电视业务分为与通信运营商（中国移动、中国电信、中国联通）合作、自主经营平台两种模式。截至 2015 年底，百视通拥有 1 600 万户手机电视收费用户（其中 50% 为公司 B2C 用户），当年公司移动互联网总收入同比增长超过 63%。

（3）舞美演艺策划制作。百视通的舞美演艺策划制作在 2014 年实现营业收入 1.53 亿元，同比下降 7.92%，2015 年实现营业收入 1.19 亿元，同比下降了 22.43%，收入减少的主要原因在于来自电视台的演出需求有所减少。

（4）设备销售及租赁。百视通的设备销售及租赁业务在 2014 年实现营业收入 1.25 亿元，同比增长 32.36%，2015 年实现营业收入 1.89 亿元，同比增长了 51.16%，收入增长的主要原因在于来自上海以外区域的设备需求大幅提升。

（二）盈利水平：高毛利低收益

1. 主营业务收入毛利率

（1）2015 年百视通主营业务收入的毛利率见表 3-3。

表 3-3　2015 年百视通主营业务利润及毛利率

分类	主营构成	利润比例（%）	毛利率（%）
按行业	信息传播服务业	100	45.83
按产品	信息传输及技术服务	2.44	40.94
	舞美演艺策划制作	4.92	49.35
	IPTV 业务	87.03	49.90
	设备销售及租赁	1.82	11.46
	互联网带宽资源租赁	0.04	3.79
	手机电视	3.65	38.84

2015 年百视通的综合毛利率比 2014 年有所提高，提高了 2 个百分点，为 45.83%。

（2）现阶段的高利润区——IPTV、OTT。从表 3-3 可以看出，百视通占比最大的营业收入IPTV业务的毛利率也是最高的。与其他网相比，百视通的IPTV业务优势彰显，这与SMG的支撑是密不可分的。各省市的试验网众多，但大多没有得到很好的发展，如杭州电信IPTV，基本上可以用活着两个字来概括。当前国家要大力发展城镇化建设，而成熟的城镇化必须要具备齐全的生活配套设施，媒体传播是其中很大一块内容，因此百视通必然会在其间获得较大市场份额。

百视通的IPTV具有独立的商业运营模式，它贯穿于整个产业链，充分体现了牌照方的主导地位。大规模的投入、反应速度的采购团队、全过程的物流运输、技术全面的IT团队、应有尽有的商品种类及大规模的用户，这些虽然成本非常高，但只要经营与管理好了，那么利润率是非常高的。如果这种运营方式在实际运作过程中不是很理想，企业也不会因此亏本倒闭，无非就是利润低一些而已。百视通自行搭建IPTV、OTT平台，自己制作一部分内容，再引进一部分优秀视频网站，但是在视频网站的接入口这种关键位置都是由百视通来统一管控的。互联网电视赚钱靠的是为受众提供极致体验的产品，使受众数量达到一定的规模，所有成熟的模式都是在用户数量达到一定规模之后才水到渠成的。

百视通整合了云电视平台，向四屏用户提供“按部点播（PPV）”付费电视业务。2015年，在电视屏用户中，超过10%的IPTV、30%的OTT用户贡献了PPV点播收入，当年PPV收入总额同比超过160%。数据显示，在习惯使用IPTV电视的人群中，付费增值业务的用户比例接近30%（已剔除未开机用户），这也充分说明，只要能够接受IPTV，每100户真正使用并习惯使用的IPTV用户中，就有25户会选择付费增值业务，如全家点播收看一部电影或购买一个游戏。而且当时IPTV还只是beta（测试）版本，因此这个比例是比较惊人的。

成功的原因是，IPTV不仅整合集成了所有的电视直播节目，为满足用户对于节目内容的自我选择需求，还增加了丰富的电影/电视剧点播、财经、游戏、教育等服务，既保证了开机率，又使自己具备了互联网电视的运营要件。

一般地，互联网电视有三类基本收入：电影、游戏和音乐。

根据相关数据显示，点播一部电影的人均收入为5元，正常情况下，每户每年至少可以贡献25至30元，前提是必须要保证电影与视频网站同步更新。儿童市场一直是电影市场的一块肥肉，因为大多数父母都无法拒绝孩子的点播要求（该部分不应包含片头、片尾的广告收入）。优秀的独播剧，如果按照每集1元来计算，通常情况下，一个用户一年至少可以贡献20元，这部分也不包含片头、片尾广告收入。应该说明的是，广告收入不包括归属于电视节目权益方所有的电视节目自身的广告收益。怀旧电影与旧电视剧的收入主要来源于片头、片尾的广告，因为旧的港台、日韩与欧美电影和电视剧，不适合付费点播的方式，广告既能留住用户，又能获得良好的收益，不失为一个最佳方法。

在智能手机能够作为游戏手柄玩得很顺利的前提下，IPTV上的那些简单游戏，如贪吃蛇、斗地主等，都可以变身为网页游戏和客户端游戏，这部分的ARPU（Average Revenue Per User，每用户平均收入），可以参考360的游戏ARPU贡献。ARPU注重的是一个时间段内运营商从每个用户所得到的收入。很明显，高端用户越多，ARPU值就越高。

OTT是个封闭的系统，它并不靠硬件来赚钱，国外一些成功的互联网电视，都是靠其提供的应用服务来盈利。目前百视通基于用户存在极高的增值业务付费率和ARPU，因此采用了类似互联网的基础业务免费、增值业务收费的商业模式。

在IPTV活跃用户中，套餐外的付费率是25%，如果按每户月付30元的套餐金额来测算，电信每月可以获得的套餐外增值收入约有一千万，这部分收入，电信按照一定比例与应用供应商分成。

一个企业设计盈利模式的关键是发现行业理论分区，发现与战略相匹配的高利润区，即企业的核心资产和核心业务必须匹配。对百视通而言，IPTV、OTT就是现阶段与之战略相匹配的高利润区。

2. 总资产收益率（ROTA）

总资产收益率（Return on Total Assets，ROTA）是一个非常有用的指标，它被用来分析企业的盈利能力与衡量企业的收益能力。总资产收益率直接反映了公司的竞争实力和发展能力，是公司进行债务管理的重要基础。总资产收益率的计算公式如下：

总资产收益率=净利润 ÷ 平均资产总额［（年初资产总额+年末资产总额）/2］×100%

分析总资产收益率的重要意义体现在以下几方面：

（1）总资产收益率指标反映了资产运作效率和资金使用效果之间的关系；

（2）在资产总额既定的情况下，通过总资产收益率对企业盈利的稳定和持久性进行分析，确定企业面临的风险；

（3）总资产收益率指标能够反映企业的综合管理水平。

2013—2015 年百视通总资产收益率的变化见表 3-4。

表 3-4　2013—2015 年百视通总资产收益率及增幅

项目	2013 年度	2014 年度	2015 年度
总资产收益率（%）	11.73	14.76	15.00
增幅（%）	—	25.79	1.63

众所周知，毛利率能评价一个企业主营业务的盈利能力，但是企业中资产的整体收益水平有时候却未必会和主营业务的盈利水平相符。综合之前百视通的毛利率与总资产收益率来看，其主营业务收入的盈利能力很强，且还在不断提高，但资产的总体收益水平却没有得到显著提高。从中可以看出，资产整体的收益水平不仅仅取决于收入的增长和业务的毛利率，事实上，还受到很多潜在因素的影响，例如，为了使自己更具有市场竞争力，在内容版权上做出巨大投资，这些利益通常在当年很难凸显，但从企业发展的长远来看，是会日益显现的。

（三）影响盈利模式的深潜指标

1. 广电限额牌照的发放

2004 年，国家广电总局规定“省、自治区、直辖市及省会市、计划单列市级以上广播电台、电视台、广播影视集团（总台），可以申请自行或设立机构从事以电视机作为接收终端的信息网络传播视听节目集成运营服务。其他机构和个人不得开办此类业务”。到目前为止，广电总局只核发了包括百视通在内的 7 张牌照，其他分别为 CNTV、华数传媒、南方传媒、湖南电视台、中国国际广播电台、中央人民广播电台。牌照的限制发放决定了市场参与者的数量。2014 年 6 月中旬，国家新闻出版广电总局网络司针对互联网电视牌照商，下发了关于立即关闭互联网电视终端产品中违规视频软件下载通道的函，并表示未来集成牌照将不再发放。

2. 开机率和收视时长

开机率的定义是每月开机使用一次以上的用户比例。开机率的高低，直接决定应用服务盈利的多少。恐怕没有人会按照小米盒子的逻辑，每天把电视信号从屏幕右侧手动切换为“视频信号 -2”选项或接上电源换一个机顶盒联网，就是为了收看一部电影，结束之后再切回电视信号。这样的操作让人觉得很烦琐。大多数的老人和小孩是有线电视节目的忠实收视群，要想让他们放弃传统的有线电视线路，而去观看互联网电视，唯一的办法就是做到让互联网电视能够支持所有的电视节目，IPTV 在这个方面已经达到了完全替代的程度。

据统计，百视通的IPTV有85%左右的开机率，平均每个用户的观看时间是2~5个小时，已经超过了传统电视的观看时长。传统电视的月开机率为70%左右。百视通的OTT（Over The Top）业务直接越过了运营商，发展基于开放互联网的各种视频及数据服务业务，市场上还没有产生全产业链的竞争对手。

百视通能够站稳脚跟的最主要原因在于它的用户黏性。百视通的关键指标是开机率和收视时长，和传统电视的收视统计不一样，IPTV上的所有数据都由系统自动读取，不需要第三方调研就能清楚获悉用户的行为习惯。据统计，百视通目前开机用户的一周平均收视时长超过30个小时，平均到每天是4个多小时。有人会觉得怎么可能会收看那么长的时间？其实很简单，这4个多小时是累积而成的。IPTV使整个家庭收视时长得到延长，4个小时能够使受众在不同时段得到更多的电视享受，IPTV为用户带来的价值很大程度体现在这个方面。

据统计，在全国IPTV用户中，大约有5%的用户愿意支付视听费用。即使只有5%，如果用户规模足够大，电视用户黏性也会变得更强。

3. 版权内容资料库

在内容上，除了SMG的内容资源，公司还建立了完善的内容运营体系，和香港无线电视台、韩国SBS、华谊兄弟等数百家国内外知名的影视生产商、内容提供商、版权提供商合作，其中的NBA、英超联赛、首映大片等独家精品视频资源的储备量位居全国第一。更重要的是，百视通建立了一套完整的数字版权保护系统，确保视听内容的正版传播，推动电视和互联网产业良性、健康发展。

经过多年的探索，百视通走出了一条具有自身特色的广电新媒体发展之路，内容版块的发展从海量到精品、从集中到集成、从电视内容到互联网产品。百视通对不同层次受众的需求进行了细分，将互联网与传统电视内容相融合，从而实现多元化、多角度的集成编排。例如，为不同年龄段的受众提供不同的内容服务，20~35岁的男性球迷用户是英超联赛、NBA等赛事的忠实客户群，仅NBA一项的全年放送量就达到1000小时；MV歌曲的欣赏及综艺娱乐专题是喜爱音乐与娱乐的年轻人的专区；动漫卡通片、少儿栏目、青春剧是2~16岁少年儿童们的最爱；“星星国”是国内首款IPTV虚拟儿童电视社区，在这里，孩子们可以收看视频、打游戏、进行娱乐和互动交友。百视通的IPTV具有个性化的内容，用户可以随时回看，可以任意点播节目，甚至可以边看电视边交友，这种模式吸引了大量的年轻观众，把之前流失的电视观众重新又吸引到了电视机跟前。

百视通现有的版权内容资源，包括高清、3D等精品资源在内，已经超过了45万小时。近年来，网络视频与传统媒体间的内容竞争与争夺日益激烈，内容版权费也就一路水涨船高，这也是造成公司相关业务利润率下降的主要原因，其中最新的“热播”“独播”剧更是达到了天价。百视通与香港无线电视台、韩国SBS等国内外著名产剧大鳄结成战略同盟，90%的院线大片从在影院上映到被“送进客厅”仅需要一个月的时间，第一时间实现了“新片速递”，构建了我国新媒体领域品类最全的影视片库。

三、百视通案例总结

百视通的盈利模式是国内新媒体行业内全产业链发展的典型与标杆，是国内传统广电业务向全媒体业务转型最成功的案例。它在内容、平台、渠道、终端等各个环节均有介入，并凭借经验和技术优势在与各类合作伙伴的合作业务中掌握主动。

（一）百视通的核心竞争力

百视通的核心竞争力主要有两点。

1. 内容方面

百视通已经在内容集成、版权采购等方面形成绝对领先的优势。2013年百视通各新媒体平台的总流量、电视新媒体收看累计时长保持国内第一位。百视通依托SMG的资源，拥有领先视频新媒体行业的频道资源优势。在此基础上，百视通整合外购优质版权、资源、创意集成，实施“模块化”产品运营战略。其中，整合海内外优质影视剧资源，创新运营“看大片”“首映”“海外热剧”等产品，全年销售同比增长突破100%；整合国际一流少儿节目资源，创新运营“迪士尼”“尼克动画”“动漫影院”等产品，全年销售同比增长突破

100%；整合海内外优质综艺节目、体育赛事资源，创新运营娱乐看吧、体育看吧产品，利用专区化形式，多屏联动，全年累计创造超过百亿的节目点击量，吸引了众多一流品牌客户。

2013—2016年，百视通每年投资数亿元，引进海内外的电影大片、热播电视剧、精品卡通、体育赛事、纪录片等优质节目，截至2016年底，片库总时长超过45万小时（其中高清节目超过10万小时），版权的“质”“量”均位于国内视频新媒体行业最前列。截至2016年底，百视通拥有4万部电影版权、20万集电视剧版权、1万部动画片版权、5 000多部纪录片等精品专题节目，每年能提供1 800部最新院线电影、大片，超过1万集热播剧，拥有国内最多的动画片版权和全球最优质的精品纪录片。

截至2016年底，百视通拥有的体育赛事版权总量位居亚太地区第一位，其中每年播出英超、NBA等赛事超过2 000场。百视通拥有英格兰超级联赛2013—2018年六个赛季的版权，每年电视独家转播全部380场比赛，以IPTV、互联网电视、网络电视、移动终端等多屏方式播出，带给观众全方位的高清直播体验。百视通与美国职业篮球协会NBA签署了2013—2016年三个赛季内容资源的授权。根据合作协议，百视通以IPTV、互联网电视、数字电视、手机电视等四屏全覆盖的播出模式，每年转播包括季前赛、常规赛、全明星赛、季后赛及总决赛在内超过1 230场的NBA比赛，打造了中国播出NBA比赛场次最多、播出方式最丰富的转播平台。百视通从NBA获得的版权包括IPTV领域中国大陆唯一授权及互联网电视、数字电视、手机电视播出权。另外，百视通获得授权作为“NBA官方媒体合作伙伴”。

2. 技术方面

百视通在云电视平台、家庭游戏平台、智能电视终端、CDN传输网络等技术领域加大投入，整体提升了公司四屏新媒体业务运营的能力。在智能电视OTT领域，百视通形成了全球领先的“VBR+HLS+回源”技术体系，以及面向B2B业务运营完善的二级技术架构，在电视操作系统（TVOS）方面开发了完整的智能电视业务框架，发布了支持跨屏、电视支付等功能的第三方电视应用开发SDK。

公司控股公司风行网基于风行云平台，构建了覆盖PC客户端、WEB

flash、移动客户端的P2P传输平台，实现了P2P点播和P2P直播业务的PC、移动全平台运营，全球唯一的全网P2P网络，在同等流量下，带宽成本相当于同行的20%，同时服务质量比CDN方式高2倍。风行网发挥大数据优势，根据每个用户的历史消费方式，推荐适合每个用户的内容，实现了千人千面的内容推荐，是业界唯一的移动全内容动态推荐平台。风行网具有完善的用户中心，实现了内容收费点播、游戏付费、会员服务、电商业务的运营，是视频行业业务最全的技术平台。

很多传统媒体在初入新媒体领域时，往往会有“重内容、轻技术”的惯性思维，常常导致“单驱动”发展。由于技术研发是“慢”积累型，因此很难在短时间内突破瓶颈。多年前百视通就认识到锻造技术基础的重要性，现在不仅在电影、电视、综艺、体育等节目内容上更全面，还“专”于技术，实现“技术”和“内容”两条腿走路，从而驱动企业走得更快。

（二）主营业务风险

百视通的主营业务为网络视听、互联网、游戏等新兴业务，这一领域处于开放的市场竞争环境，会存在以下风险。

（1）百视通所从事的智能电视OTT市场竞争激烈，百视通形成了OTT的内容优势、B2C渠道优势，在平台、终端等领域的能力快速提升，但是难免会遇到B2C市场的价格竞争激烈、参与者众多的问题，B2C用户的规模积累存在一定风险。百视通采取积极的发展战略，以良好的现金储备结合融资手段，以超过10亿元的资金准备，将已积累的电视大屏新媒体的技术、内容、渠道优势发挥到极致，保持行业领先的优势。

（2）在上海自贸区政策的支持下，百视通与微软强强联合，获得了发展家庭游戏产业的先机，打开一个庞大的蓝海市场。但是家庭游戏的平台、网络、终端、内容的本地化建设技术门槛高，业务放号后还将面临产业链建设等重大挑战，存在规模用户发展速度达不到预期目标的风险。

（3）移动互联网是重要的新媒体形态，是互联网业务的重要方向之一，百视通必须对移动互联网作布局。目前，我国移动互联网的入口主要被互联网巨头把控，百视通必须加大对移动互联网布局，但是业务规模、用户总量的积累速度相比互联网大型企业，还存在一定的竞争风险。

第三节　平台型新媒体的盈利模式

一、自媒体盈利模式：广告+会员付费

进入移动互联网时代以后，各种自媒体平台不断涌现，并以其更为丰富、全面和个性化的内容设置为人们带来新的媒介体验，大大方便了人们的学习、工作和生活。在成功吸引了大量用户以后，如何有效地实现自身的盈利目标，以获得可持续性的成长，也成为这些自媒体的主要关注内容。

自媒体一般融合了文字、图片、音频、视频等多种信息传播形式，十分注重内容的个性化、人性化与专业性，强调用户的主动参与和互动。因此，对于用户来说，自媒体并不是一个冷冰冰的机构或平台，而更像一个具有独特价值理念的群体，可以在参与互动中获得更多的体验价值和情感归属。

例如，果壳网聚集了一批爱知识、乐分享的年轻用户，成为一个开放、多元的泛科技兴趣社区，致力于在新媒体时代传播科学和技术知识；雷锋网由初始的科技博客逐步演变成了一个科技信息与产品的服务平台，专注于移动互联网领域的创业服务。此外，还有专注于为投资者提供实时行情、投资策略、新闻资讯和交易服务的雪球，以及为用户提供更高效的个性化商业资讯获取和交流方式的虎嗅网等。

移动互联网时代，自媒体的快速兴起，吸引了越来越多的业内人士参与其中。同时，从“微博大V”到“微信公众号”，这些新兴的自媒体也不断探索着自身的盈利模式。在众多模式中，广告是最重要的一项收入，其次是会员的订阅费。但在时代巨变的洪流中，各类平台所需要做的，则不仅仅是发展广告收入和付费会员而已。

二、微信自媒体盈利模式：免费增值

免费增值模式听起来很有诱惑性，但实质上，在具体的实践中，这种模式很难驾驭，如果没有足够的实力，很可能使自己陷入其中。下面从微信公

众号入手来分析一下这种模式的应用。

（一）产品是前提

产品是一切活动的前提和基础，因为无论是免费用户还是付费用户，最终都是受到产品品质的吸引而来的。若产品在质量上得不到保证，即使是免费用户，最终也会弃之而去，更不会受到新用户的青睐，产品也就不可能从免费过渡到付费形式。

如果某用户自己经营了一个微信公众号，而且他自身的专业素质较高，知道该如何进行产品的选择、营销和整体的经营，那么这种状态非常理想。不过其中起关键性作用的是信息的具体内容，如果用户看过后认为该产品确实能够满足其需求，那么信息发布的目的就达到了。

微信公众号要想在经营中应用免费增值模式，应该具备以下两个优势。

1. 拥有低廉的边际成本

现如今的网络条件在这方面为经营者提供了很大的便利，我们无须自己开发平台，只要登录微信公众平台，然后将自己编撰好的内容发布上去即可，这为经营者节省了很多时间和精力。

2. 能控制好营销方面的耗费

在自媒体营销中，切忌在营销方面耗费过多的资金。正确的做法是，充分发挥自媒体账号的影响力，提高在用户中的知名度，并通过用户间的二次宣传来壮大自己的粉丝群体。但假如账号本身的影响力不够，免费用户都可能会逐渐失去兴趣。

另外，自媒体经营的独特之处在于，能够作为特定内容的第一发布者。这一点的竞争优势很明显。

（二）付费的主要方式

如果某经营者发布的信息内容非常具有吸引力，得到了很多读者的认同和评论，那么有三种收费方式可供经营者选择。

1. 阅读全文收费

允许用户以免费的方式浏览一段或几段内容，如果该用户想要看完整篇文章，就要支付一定的费用。对此，文章作者应该把前几段写得精彩且有吸引力，否则无法将免费用户转为付费用户。

这当然不是说之后的内容就可以草草了事，敷衍过去。若用户在付费后发现文章让人大失所望，就很可能不会再继续支付费用来浏览信息。此外，还要注意免费与付费的结合，在费用价格上也应当认真考虑，不然就会使用户的依赖性逐渐降低。

2. 按千字收费

按千字收费是指按照文章的千字数收费，例如，2 元/千字。这种付费方式可能出现的问题是，文章的字数越多，费用就会越高，作者有可能为了获取更多的报酬而增加原本的篇幅，内容质量就有可能随之下降，如此会使一部分用户逐渐降低对平台的依赖性而离开。

3. 包月收费

应用包月收费方式的经营方采取的一般方法是，对会员用户的收费为每月 5~20 元，普通用户可以浏览阅读一周之前（也有的经营方只允许其阅读一个月之前）发布的信息内容。这种形式是比较合理的。

从读者的角度来说，即使没有付费，也能浏览以前的信息内容；付费能够浏览最新发布的信息内容，每月 5~20 元的收费相比于纸质图书，还是比较低廉的。

从作者的角度来说，免费用户能够为其带来流量，也能起到推广作用。而如果用户数量不断上升，付费用户所占的比重又比较稳定，那么就会有越来越多的免费用户成为付费用户。

（三）盈利情况分析

可能有很多人对经营方的月收入感兴趣，下面通过一个例子，来了解一下他们的盈利情况。

在免费用户到付费用户的转化上，多数付费公司的比重是 1/100~1/10。在这里，按照平均水平（2%~4%）的中间数取值，即 3%。假设以下基本数据：

用户数量：5 万；

费用收取：每人每月 10 元；

每个月新增用户比重：1/10；

月收入计算公式：（每个月新增用户比重+1）× 用户数量 × 付费转化比重 × 每月支付费用。

据此计算，该经营者的月收入为：

$$(1+\frac{1}{10})\times 50\,000\times 3\%\times 10=16\,500(\text{元})$$

这只是保守的估计，若用户对信息内容很满意，则每个月新增用户比重可达 1/5，而付费用户转化率可达 6%，费用收取达到每月 15 元，则其月收入可达到 54 000 元。而且随着用户数量的逐渐增加，月收入就会逐渐增加。依照上述计算公式，一年的收入水平为：

$$(1+\frac{1}{5})\times 50\,000\times(1+\frac{1}{5})\times\cdots\times(1+\frac{1}{5})\times(1+\frac{1}{5})\times 6\%\times 15=2\,137\,347.121(\text{元})$$

年收入能达到这个水平是相当不错的。不过，这个结果是在排除其他因素的情况下计算出来的，而且现实生活中不会发展得这样平稳，我们可以假设以下三种情况：如果最后收入了理想情况的 50%，则一年的收入水平大约为 106.87 万元；如果最后收入了理想情况的 25%，则一年的收入水平也超过 53 万元；如果其经营过程实在是不顺利，只有理想的 10%，则一年的收入水平也有 21 万元，这些金额都不低。

（四）主要影响因素

1. 文章数量和质量

如果只有一个作者，仅凭一人之力在 7 天内撰写三篇以上的优质文章，还要保证用户满意是非常困难的。为了解决这个问题，有的经营方与他人联手，既发布自己的优秀作品，也从其他作者那里汲取营养，增加信息内容和多样性。

假如文章数量不能满足用户需求，或用户对其内容不满意，用户的关注度就会逐渐下降，最终结果是新增用户比率下跌，而且这种局面一旦形成，就很难扭转。

2. 用户规模

一旦经营方确定了其费用收取水平，要想在此基础上提高并不容易，付费用户数量的上升也涉及多方面因素，所以在初创阶段，就应该考虑到后续的规模扩张。如果经营方本身具有很强的能力与专业素养，也可以将其服务对象定位在高端用户群体，专门针对他们的需求提供高品质文章，但是这种情况很少。

3. 持续的活跃状态

要使一个账号保持在活跃状态，经营者一天至少要在线两个小时来更新内容或与用户互动。但是在现实生活中，很少有人以此作为自己的专职工作，不可能每天都有灵活时间，特别是一些女性经营者，还要在工作之余兼顾家庭、照顾孩子等，没有太多的时间运营账号。此外，要想让自己的文章保持持续的吸引力，还要不断提高自己的专业素养和能力。

三、社交媒体盈利模式：广告+增值服务

近年来，微博、微信等即时社交通信工具的出现，再加上具有弱关系社交模式的其他互动类应用的兴起，极大地分流了社交媒体的用户。因此，对于社交媒体来说，需要不断进行自我的变革优化，特别是探索出新的盈利模式和渠道，以实现可持续发展。

（一）广告仍然是社交媒体的主要盈利模式

当前，广告仍然是各大知名社交媒体的主要盈利模式，这主要因为社交媒体在多年的发展过程中，已经积累了大量的用户和流量，这代表着巨大的广告营销价值和空间，如社交网站的代表Facebook和Twitter，在世界范围内都拥有过亿级别的用户规模。

同时，美国市场研究机构BIA/Kelsey的数据也显示，2019年美国的社交媒体广告收入达到了356亿美元，与2018年相比增长了23%。这表明，在当前的社交媒体收入结构中，广告创收仍然是其实现盈利的重要手段。

关键是，在新产品、服务和平台不断涌现的移动互联网时代，社交媒体应不断探索更为有效的社交广告模式，以增加广告创收能力，实现可持续发展。

职业社交平台领英（Linkedln），在致力于为白领提供高效、安全且有商务价值的SNS服务的同时，也在不断探索新的业务内容和广告模式，以实现平台的持续成长。例如，网站通过收购新闻资讯类应用Pulse，发展出自身的新闻服务类媒体业务Linkedln Today及热点人物的博客平台等。借此，Linkedln一方面优化了用户体验，获得了更多的用户数据和信息；另一方面也以此推动原生广告的发展，获得更多的广告收入。

原生广告是2013年开始兴起的一种新型广告模式，由于其能够进行更为

精准化、人性化的营销，因此逐渐受到社交平台和广告商的重视。不过，原生广告也面临着发展的困境。一方面，由于其定制化、个性化的要求，使得广告价格较高，难以实现规模化的发展；另一方面，虽然原生广告对用户的干扰很少，但是过多的广告植入，仍然会在一定程度上影响到用户的平台体验，造成网站用户的流失。

目前广告仍然是各社交媒体的重要盈利渠道。例如，Facebook虽然拥有世界最多的用户，不过其平台对用户是免费开放的，因此，广告业务仍然是其主要的盈利手段。就当前来看，Facebook的盈利模式主要包括网络广告、栏目广告和赞助商的资助三种类型。

就本质而言，社交媒体的成功主要表现为用户之间频繁高效的沟通互动；而广告营销的成功则表现为用户与各商家和广告主之间的有效互动。因此，如何平衡好网站用户与各商家和广告主之间的关系，在进行广告营销时尽可能地保证用户的社交体验，就成为社交媒体探索广告创收模式的关键。

（二）品牌的增值服务

除了广告业务之外，社交媒体还可以借助品牌的增值服务实现盈利。因为社交媒体的用户不仅包括个人，越来越多的企业和商家也开始加入其中。商家可以借助社交媒体庞大的用户流量，实现自身品牌的塑造与推广；同时，社交媒体强大的互动整合运营能力，也为商家的品牌营销提供了有力支撑，并借此获得收益。

就实质而言，不论社交媒体采用何种盈利模式和商务模式，其最终都要落实到用户需求层面。因此，对社交媒体网站来说，重要的是坚持以用户为中心的原则，不断提高服务质量，优化用户体验。如此，才能吸引和黏住更多的用户，为社交媒体提供坚实的用户基础。

同时，社交媒体还要明确服务定位和用户群体，以便有针对性地进行品牌增值服务，实现自身的盈利目标。

（三）其他盈利方式

当前，随着社交媒体的快速发展和市场竞争的不断加剧，很多网站仍然没有探索出可以支撑其自身持续发展的有效盈利模式。不过，一些成功的盈利模式探索，也在不断启发着社交媒体的思路，并为它们提供有益的借鉴。

例如，2007 年上线的轻博客社交媒体Tumblr就受到Twitter列表服务的启发，于2009年推出了独具特色的新功能Highlighted Posts，以方便用户查阅自己感兴趣的博客。同时，用户只需支付1美元，就可以为自己的博文定制一个闪亮的标签，从而更好地推荐分享自己的博客、照片等内容。另外，基于网站丰富的主题资源优势。Tumblr在2010年3月24日还推出了付费主题功能，也被看作盈利模式的新探索。

就本质而言，不论是自媒体还是社交媒体，要想探索有效的盈利模式，关键还是要先做好自身的内容，以优质的产品和服务吸引足够规模的用户群体，进而，才有可能在庞大用户流量的支撑下，探索多种模式的盈利渠道。

对自媒体而言，应该充分发挥其自身的个性化特质和核心价值优势，精确定位，不断为用户提供优质的内容体验，以吸引和黏住更多的用户，扩大影响力。同时，在进行盈利创收的同时，还要谨慎平衡好内容生产与利益追求的关系，尽量兼顾内容质量与经济效益。既不能为了商业逐利而降低自身的价值追求，造成用户的流失；也不能忽视对盈利模式的积极探索，以维持自身的可持续成长。

对于社交媒体而言，广告业务一般是其主要盈利手段，而当前我国的社交媒体广告仍有着巨大的成长空间。因此，社交媒体在进行盈利模式探索时，关键是找到用户的社交体验与广告运营的平衡点，即准确把握用户特质，以更加适宜的方式（如软文广告、原生广告等）和频率进行广告植入，以尽可能降低对用户的干扰。同时，社交媒体还要积极探索新的创收渠道，如增值服务、主题付费等，以实现盈利模式的多元化。

四、“粉丝经济+新媒体”的变现模式

即使是一个拥有庞大粉丝群的新媒体账号，如果没有适当的激励，在长时间的维护和更新之后也会面临乏力和疲惫的状况。这时，变现就成为一种很好的激励方式，尤其对于以赚钱为目的的新媒体账号来说，更是如此。

2012年8月这个时间，在新媒体时代具有标志性意义，因为微信公众号在此时诞生。此后，自媒体进入了发展的新高潮，并持续至今。自媒体人在信息大潮中游动，经过媒体联盟、各媒体抛出分成、打赏的诱饵，不少自媒体人认为，新媒体已经开始实现通过信息推送来盈利的目的了。但实际上，信息推送并不等于赚钱，能够真正利用其价值的只是少数，自媒体变现还有

很长的路要走。

目前，自媒体联盟面临资源分配不均的尴尬，因为其变现方式还只局限于软文的发布及广告，这与资源分配有直接的利益关系。而对于媒体平台的获利来说，也要看各媒体编辑的推荐程度及用户流量，只有流量达到一定程度，才能看到变现的价值。因此，即便当前自媒体变现的前景很好，也仅仅有几个标杆能够真正涉足其中。

所以，自媒体现在面临着后继乏力的尴尬局面，良好的开端及轰轰烈烈的发展过程并不意味着一个好的结局，利益的激励才是最实惠的。实现自媒体的变现，主要有以下八种方式。

（一）品牌模式

形成品牌效应，即术业专攻，成为某个领域的KOL（Key Opinion Leader，关键意见领袖），通过自己专业领域的绝对实力来提高自己的身价和声誉。

这一模式的践行者有很多，他们都是在传统媒体时代，在自己的专业领域发展起来的领先者。基于自己在领域的品牌效应，他们纷纷在跨越到新媒体时代之际实现了飞跃式发展。

或许对于一个普通人来说，他们的发展高度很难企及，但是传统行业缺乏新媒体的运营人才却是一个不争的事实。因此，一个人只要术业有专攻，要想取得更好的发展也是不难的。

（二）明星模式

这一模式同品牌模式有共通之处，那就是KOL。毫无疑问，明星肯定是本领域的KOL，但是却未必完全局限于某一领域。

明星的最大优势在于其拥有庞大的粉丝群基础，可以为其拓展其他衍生业务提供极大的便利，具体方式有广告、打赏等。这样的成功案例有很多。所以，如果对自身能力和魅力有自信，可以尝试这种模式，原创粉丝打赏也是一种变现的渠道。

（三）写手模式

有的自媒体人有很强的写作能力，但是运营及包装能力欠缺，这部分人比较适合写手模式。

写手可以在豆瓣阅读、腾讯阅读等频道上开启付费阅读模式，如付费专栏、付费电子书等，积累人气之后就可能会受到出版机构的青睐。除此之外，写手也可以到有需求的商业公司应聘特约撰稿人，对于商业机构和公关机构来说，具备优秀创作能力的写手还是比较受欢迎的。

（四）渠道模式

这一模式开启的前提是粉丝量达到了一定的程度。通过对大批粉丝的观察和分析，可以从中摹写出一个消费者的形象。只要消费者的形象出现了，自媒体的渠道模式就可以开启了，而且这一渠道具有很大的优势，脱胎于粉丝的用户大都与自媒体之间有很强的黏性，从用户到消费者的转化率较高，产品的推广和销售也更容易。

（五）产品模式

自媒体与用户之间大多存在两种联系形式，有借助内容来表现的思想和情趣，还有通过内容和产品共同表现的利用。

自媒体最初的发展是为他人做广告及推广产品，待发展渐趋成熟之后，有些自媒体开始把目光转向推出自己的产品，包括内容产品、服务产品、实物产品等。无论是企业公众号还是个人公众号，最终都要回到产品上来。

（六）会员模式

会员模式表现为粉丝和社群的运营，实质上该模式是自媒体核心能源和能力的配合式标准化输出。只要拥有足够强大的能源和能力，并找到正确的输出方式，就可以尝试会员模式。

（七）联盟优选模式

联盟的出现使得自媒体由各自为政走向联合，新生力量的集中形成了能与传统媒体相抗衡的实力。

自媒体联盟的最大价值在于加速了自媒体商业化的进程。在广告主、自媒体联盟和公关公司的合作中，自媒体联盟实际上是充当了中间人的角色。自媒体商业化势必需要更多与外界接触的机会，机会的多少不仅取决于自媒体的粉丝数量，还取决于自媒体在某个领域内的影响力。所以，本身具备某个明显属性的自媒体可以选择加入联盟。

（八）平台交易模式

若以分数评价庞大的自媒体阵营，大多数自媒体只是充当着分母的角色。虽然这类媒体个体力量弱小，但合起来的力量却不容小觑。一些自媒体营销平台也专注于帮助分母上的自媒体找寻商业机会，如传播网、一道网，等等。

若以商店来比喻的话，联盟就是走高端路线的商店，价格高，合作的客户也趋向于高端；而平台则是走平民化路线的商店，价格低，其客户也以中低端客户为主，虽然实力不如高端客户，但是数量上占优势。自媒体在平台上可以找到较多的商业化机会。

应当注意的是，当平台入驻的媒体账号过多时，就会给广告主的选择造成障碍。这时，精准化投放就成为一个值得考虑的问题，一道网正在朝着这个方向努力。

由微信公众号引爆的自媒体风潮渐成体系，其对于公众自主创业产生了极大的鼓舞。也许最终能够杀出重围的人很少，但是朝着既有目标不断努力，获胜的概率就会不断提升。

未来商业机构化是大势所趋，单打独斗注定无法长久。在新媒体时代背景下，自媒体若想长远发展，必须要成立公司，或者依靠联盟和平台等机构。

第四节　国内外新媒体平台的盈利模式解析

一、“云科技”：“图片+链接”的广告模式

2012 年 8 月 29 日，经过在传统媒体中的多年历练之后，程苓峰在微博中宣布创立媒体网站，其主笔的自媒体“云科技”，以独特的互联网思维为用户提供即时的科技前沿资讯，取得了巨大成功。

“云科技”主要以庞大的用户群体为基础。2013 年 1 月 25 日，程苓峰宣

布在“云科技”中面向业界推出微信广告业务，以“图片+链接”的形式，附在公众号和网站所发布文章的末尾，报价为2万元/天，或5万元/3天，每天发布1—2篇文章。凭借其巨大人气，“云科技”微信广告大获成功，在不到两个月的时间里就获得了13万元的广告收入，程苓峰也成为通过广告进行自媒体创收的典范。

“云科技”自媒体广告业务之所以能够成功，是因为程苓峰以其独特新颖的视角、严谨的分析和判断，为用户及时提供了最新的行业资讯和高质量的内容，这使“云科技”吸引到大量业内主流人士的关注。据统计，当时程苓峰本人拥有超过4万的高端客户，“云科技”微信也有约2万的真实订阅用户。这些都促使众多商家愿意与其进行广告业务合作。

不过，作为标准的个人自媒体，“云科技”的广告模式对那些不具备大量粉丝基础的自媒体而言，借鉴意义并不是很大。而且，这种拥有强烈个人色彩的自媒体也受到了道德方面的困扰。例如，它将不再能够随心所欲地去评判与之合作的商家，这必然会在一定程度上影响其内容的客观性和公正性。

二、赫芬顿邮报:“品牌内容”模式

成立于2005年的美国新闻博客网站——赫芬顿邮报(The Huffington Post)被标榜为“第一份互联网报纸”，它推动了媒体行业的变革转型。该自媒体兼具博客自主性和媒体公共性的特质，以“分布式”的资讯发掘方式和即时性社会化的互动交流模式，成功吸引了众多用户，在网络社群聚合与公众交流方面发挥着积极作用。

如今，赫芬顿邮报已经从一个单纯的博客网页，转变为在线内容聚合与制造平台。网站通过多种方式，为用户提供全面、丰富、多元化、个性化的即时新闻资讯。例如，保证每50秒发布一条新闻，对所有子频道进行持续更新，寻找更多的垂直化产品渠道，推出视频新闻频道，等等。根据美国知名互联网统计公司comScore的数据，截至2015年，赫芬顿邮报每月独立用户的访问量就已经达到了7 300万。

在巨大的流量背后，是赫芬顿邮报独特的商业经营理念。网站充分利用互联网共享共赢的特点，积极与多家原创网站合作，以聚合起更多、更新的新闻资讯。同时，赫芬顿邮报还充分顺应移动互联网时代的UGC趋势，为用户提供评论、视频发布等服务，让用户充分参与到信息创造的过程中，从而为用户提供更多的价值体验，也因此实现了内容的“爆炸式传播”。

在广告业务方面，赫芬顿邮报也因其庞大的流量基础而吸引了众多商家的关注。具体来讲，赫芬顿邮报主要通过“品牌内容”的广告模式实现创收，即帮助商家在网站平台中创建和发布与品牌主题相关的内容，以提高品牌广告营销内容的可信度，并借助平台上的大量用户，实现品牌的塑造与推广。作为一种新型广告形式，“品牌内容”模式在某种程度上弱化了广告和编辑内容的分界。例如，世界第六大食品企业通用磨坊（General Mills）推出了一个基于赫芬顿邮报平台的网站“Live-BettetAmerica.com”，这也是赫芬顿邮报进行“品牌内容”业务的首次重大尝试。该网站通过分享赫芬顿邮报中的健康生活类文章、通用磨坊的菜谱以及每日健康（Everyday Health）的内容，为用户提供更多的健康资讯服务，进而激发用户的消费行为。这种形式不同于之前赫芬顿邮报为IBM和强生公司创建的赞助页面，而更像是商家自己的广告网站，只不过是聚合了三方的分享内容。

正如赫芬顿邮报销售战略与营销主管杰内特·巴里斯（Janet Balis）所说的，他们并不会为通用磨坊撰写文章，而只是在平台上发表以健康类为主题的内容。同样，每日健康（Everyday Health）的总裁本·沃林（Ben Walling）也指出，其网站中有50%的业务量来源于赞助内容和主题定制聚合。因此，以“Live-BeltetAmerica.com”为代表的“品牌内容”业务模式，必将成为各个商家和广告主追捧的对象。

赫芬顿邮报的数字化媒体特质，使其避免了广告业务中页面篇幅的困扰，这一优势也是其能够获得众多商家青睐的重要因素。同时，为了最大限度地降低广告植入对用户体验的影响，网站还把有关品牌故事的软文合理地融入其独立编写的内容中，从而实现更加人性化的广告营销。

三、网易云阅读：自媒体文章的“捧场”模式

2011年5月上线的网易云阅读，是当前国内最大的移动在线书库APP，阅读器覆盖iOS、Android、Windows等各大平台。网易云阅读坚持“开放性平台”的理念，由内容提供机构、原创作者、自媒体人等免费分享内容给所

有用户，致力于在用户和内容提供者之间打造良好的互动生态。

2013 年 11 月，网易云阅读安卓新版推出了自媒体文章的“捧场”功能，支持读者赠送阅点（阅读币），以鼓励作者创作更加优质的内容。“捧场”功能位于平台中自媒体文章的底部，读者可以对自己满意的文章点击“我来捧场”按钮，然后选择相应的捧场金额，就可以实现“阅点”的赠送。

“捧场”功能的推出，被认为是自媒体盈利模式的一种全新探索，也吸引了业界的普遍关注。截至 2016 年，网易云阅读已入驻 5 000 多家自媒体机构和优质自媒体人。“阿亿”“微板报”“张佳玮”等优秀的自媒体资源，也为用户带来了更高质量的内容，成为他们阅读分享的首选。

网易云阅读将自身定位为“开放平台”的角色，一方面，为入驻的自媒体提供高自由度的写作空间，以保证文章的独特性和质量；另一方面，平台以为用户提供优秀且富有乐趣的阅读内容为宗旨，由此获得了大量忠实的粉丝。例如，通过用户在平台账号中的标签，为他们主动推荐感兴趣的优秀自媒体文章，优化阅读体验。最后，通过有效整合平台中的各种资源（推送信息、各级推荐位、宣传资源等），帮助入驻的自媒体更加精确地定位自己的读者群体，实现双方的有效互动。

“捧场”功能是网易云阅读基于长久的思考和以往的原创书籍盈利模式而推出的一种全新的自媒体盈利模式，在一定意义上也可以看成是以往“打赏”模式的延伸扩展。总体来看，“捧场”模式的推出，有利于在读者和内容提供者之间建立高效的互动生态，形成良性的商业化闭环。读者可以借此鼓励自媒体积极创作更加优质的文章，以获得更好的阅读体验；而自媒体创作者也能够从读者的“捧场”中获得盈利，从而投入更多的热情和精力，为读者提供更加优质的内容。

四、罗辑思维：会员付费阅读模式

2012 年 12 月 21 日上线的罗辑思维，以其独具特色的风格和理念，聚集了众多爱智求真、积极向上、自由阳光的“80 后”“90 后”年轻群体。2013 年 8 月，罗辑思维以庞大的影响力和粉丝群体为基础，推出了一项名为“史上最无理”的付费会员招募活动，在短短 6 个小时的时间里，就将计划的 5 000 名普通会员和 500 名铁杆会员名额销售一空，成功获得了高达 160 万元的入账。

截至2016年3月，罗辑思维在运营3年后，粉丝数量达到600万，且仅在11个月之后，粉丝数量净增400万，粉丝数量突破1 000万。

罗辑思维会员付费订阅模式的巨大成功，无疑给相关的媒体提供了新启发。特别是随着技术革新的加速、新媒介形态的快速变化以及自媒体领域的市场竞争越发激烈，探索有效的盈利模式，已经成为自媒体可持续发展的关键。

第五节　新媒体盈利模式的困局与对策

一、新媒体盈利模式的困局

目前，新媒体在渠道、营销及运营等方面进行了较多的尝试和探索，但大多数情况下并未给公司带来多少收入，依靠广告及活动为公司带来的营业收入微乎其微，低盈利的问题已经严重影响了公司的正常运作。

实际上，在互联网领域，第一批吃“蛋糕”的几家媒体虽然在行业内已经建立了良好的声誉，但还没有一家媒体宣称自己已经找到了可持续运用的商业模式。如果只是作为简单的新媒体公司而不是集团公司，那么商业模式的问题就会更加突出，虽然新媒体行业不乏有梦想和创新意识的人，但是面对这一问题却始终束手无策。

（一）核心矛盾：做内容和求利润

媒体行业的人往往都会有一定的“思想洁癖”，他们在心底里都认为做内容是一件很高雅的事情，如果求利润就会使内容染上俗气。从长远来看，有内容做支撑，或许有利于公司的长远发展，但是从短期来看，做内容的方式及渠道还是区别于一般的商业逐利的。

内容生产具有自身的规律，业界普遍认为其非商业性的特征是其价值来源之一。无论是依靠专业、真实的报道来吸引观众，还是用幽默的语言进行分析，都不能脱离客观及公正。公司的价值形成与商业诉求在短时间内存在无法调和的矛盾，因此要想保证公司的正常运转，就必须依赖一个具有较强影响力及执行力的人或雄厚的资金实力，否则，公司可能会在这种短期不可调和的矛盾中逐渐销声匿迹。

要想让公司实现盈利，关键在于定位，要明白只有在市场上生存下来，才是这个时代的生存法则。最后的胜利及微笑总是留给长久发展的企业的。

在明确了定位之后，接下来应考虑企业要从哪里盈利。

现如今，许多新媒体的营业收入大部分来自广告、活动及关联部门的分成，还有产业链上下游的支持、投资人的资金支持、自身的投资收入、债券市场的溢价分红等。

例如，36氪的收入主要来源于投资人。36氪提供的内容及针对创业者的活动都是免费的，虽然有些广告和活动收入，但仍无法支撑整个公司的运作。

（二）做媒体并不容易

在自媒体时代，很多人简单地认为只要写能吸引读者的文章就相当于做媒体，甚至还有人认为，只要拍一张照片并且上传就可以了。事实上，要真正做媒体，仅仅做到这些是远远不够的，媒体的核心在于内容蕴含及所传递的东西。

因此，媒体内容的设计和塑造就需要付出比较多的心血，以便于更好地传递价值及理念，这绝不是一时半刻就可以塑造完成的。如果一篇文章仅仅表现的是一种快餐文化，那么就从根本上违背了媒体的本质。文化只有经过积淀才会历久弥新、更加深厚，才能传递出更富特色及更深入人心的内涵和价值。

而且，行业内收入也参差不齐，这就使得媒体群体的模糊性进一步加大，这对社会文化的塑造及发展也会造成一定的影响。

二、提高新媒体变现能力的策略

（一）拥有核心价值

媒体的核心价值体现在内容上，这些内容可以是行业内的，可以是独家的，也可以是“刚出炉”的新闻等。除此之外，媒体还应该追求长期的、个性化及差异化的内容，从而形成自己的核心价值优势，促进自身持续健康发展。

作为一个媒体，应该将内容的塑造及追求放在第一位，与产品企业不同的是，媒体公司的价值在于服务，这种服务是内容价值的有效传递。优质的内容是媒体应该具备的一个特征，只有靠内容的吸引，才能将更多的有共同目标及理想的人聚集起来，释放出更大的能量。

新媒体的出现让媒体摆脱了单一性，逐渐走向更加多元化的时代，并且打破了传统媒体留给人们的高高在上的冰冷形象，逐渐走进了人们的生活。同时，也推动了社会新型的、系统的互动价值的不断产生。

（二）打造稳固的影响群体

媒体行业的活动是打通上下线的关键，但很多创始人最后都遇到了瓶颈。事实上，很多活动虽然看起来很好，但是往往很难成为刚性需求，因此常常被参与者忽略或是主办人最后被迫取消。

因此，活动不能成为媒体实现盈利的依靠，只能作为一种辅助性的动作。如果要举办免费活动，不仅要耗费较多的时间和精力，而且活动的赞助、门票及展台等都是问题，因此只有实力强大的媒体才具有举办免费活动的成本。

面对其他强大媒体平台的挤压，再加上自身广告的不成熟，新媒体在创立初期是非常脆弱的。

新媒体要想创造更加美好的明天，首先要学会生存下去。

（1）通过各种方式和手段去吸引庞大的作者群，可以通过自己积累的人脉，或用金钱，将一流的作者掌握在自己手中，以缓解在同行竞争中的压力。

（2）慧眼识珠，不断挖掘新人，加强对新人的培养。自己培养出来的新人对公司有更大的忠诚度，并且乐于为公司贡献更大的力量。

（3）要形成自己的读者群，充分利用国家、政府等提供的公共推广平台，划分自己的势力范围，并将“地盘”上的读者收入囊中。

影响群体应该秉承开放性的理念，赋予人们更多的进出自由。当群体基数达到一定的量，并且整体呈上升趋势的时候，就代表着新媒体的基础形成了。

（三）促成强买点和强卖点

与传统媒体相比，新媒体富有更加鲜明的个性化特质，在较强的互动价值的推动下，更容易打造真正的平台。因此，当平台发展到一定程度的时候，就呈现了一个不可忽视的关键——促成强买点和强卖点。

读者群在了解了信息之后，如果能产生兴趣，就会通过评价来更客观地了解产品，从而最终决定是否使用该产品。而企业作为社会经济的主体，也要找到产品的强卖点，从而更好地刺激读者。

随着全屏时代的到来，跨媒体及跨平台已经成为一种潮流，新媒体应该学会充分利用自己能够调动的资源，除了承担基本的传递及组织作用之外，还应该亲身参与到实践中去，并在其中扮演一定的角色，从而对读者群形成更加深刻、全面的影响。

进一步而言，提高新媒体的变现能力，就是充分利用新媒体的自身资源，推动资源整合、融合、创新，在重构中寻求新的突破点，进而形成健康稳定的商业模式。

（四）萃取合理的价值成分

新媒体人在做新媒体的时候需要设立一个目标，并保证这个目标能够为公司带来长远的影响。因为一旦公司出资动议通过，确定股份结构之后，公司主体及框架就基本确定了，接下来公司的使命就是坚持，不管在运作过程中遇到什么困难和挑战，都应该始终坚持“不成功便成仁”的信念。

在这个时代，驱动社会发展的力量往往来自创新变革的领域。在社会总量基本保持不变的前提下，新媒体应该紧抓时代的潮流，引领发展的趋势，学会从创新变革、富有生命力的领域分成，从快速增长的产业领域萃取合理的价值成分，从而推动自身的发展。

第四章

新媒体营销模式分析

第一节　新媒体营销的内涵

一、新媒体营销的概念与特点研究

简单地说，新媒体营销是基于新媒体发展，通过新媒体渠道开展的营销活动。

传统营销追求的是到达率，即受众接受的程度，如报纸杂志看发行量，电视广播看收视率。而新媒体营销颠覆了传统营销的特点，不仅仅能够精确知道访问量，并且能知道用户的访问时间、访问地址、访问习惯等。与传统营销相比，新媒体营销提高了传播速度，降低了运行成本，并且事实证明，新媒体营销可以给企业带来更多的选择机会；企业可以有针对性地为自己的客户提供一系列营销方案，大大节约了企业的营销成本，提高了企业的效益。

总的来说，新媒体营销是基于特定产品的概念诉求与问题分析，是对消费者进行针对性心理引导的一种营销模式。从本质上说，新媒体营销是企业软性渗透的商业策略在新媒体形式上的实现，通常借助媒体表达与舆论传播使消费者认同某种概念、观点和分析思路，从而达到品牌宣传、产品销售的目的。

因此笔者总结出新媒体营销具有以下特点。

（一）每个人都可以进行大众传播，企业的营销成本大大降低

在文字没有出现之前，人们之间的信息都是通过手势进行传播，文字出现后，人们开始学会使用语言，人与人之间的信息可以通过口语来传播，这时候的传播也从单纯的一对一传播变成了一对多的传播，但这个“多”也只局限于一个很小的范围。因此过去的企业根本就没有营销的概念。当电视、广告、杂志、报纸等大众媒体出现后，人们可以通过这些大众媒体发出自己的“声音”。但传统媒体的数量毕竟有限，这就意味着并不是每个人都可以把自己的“声音”传播出去，这也决定了它的传播成本会异常昂贵，所以很多企业为了把自己推销出去，不得不花费大量的资金在这些媒介上做宣传。而新媒

体的出现，让每个人都可以对外界发出自己的“声音”，每个企业也可以更便捷地把自己的产品介绍给更多的人。

（二）个性化营销

在传统媒体时代，人们接受信息的渠道比较固定，更没有平台可以发出自己的“声音”。但在新媒体时代，随着信息技术的不断发展，人们可以选择自己需要接收的信息，并且可以随时传递自己的意愿。因此，信息接收者是否选择接收信息，通过何种途径来完成等，在很大程度上影响着信息传播者的传递意愿是否可以实现。

所以说新媒体营销是一种个性化营销，如美国最著名的电子商务网站——亚马逊网络在线书店，它改变了以往面向大众群体的商业经营模式，采用个性化营销服务。每个消费者都有自己的个性偏好，有自己的个性化需求，亚马逊针对用户的不同偏好，向每个用户推荐不同的商品，并且根据用户的特点做到个性化服务。苹果的应用程序商店也采取了类似的营销模式，应用程序商店提供的不再是没有任何特色的大众化软件，而是个性化特点十分鲜明的定制产品。

在互联网时代，消费者可以参与开发适合自己的个性化产品，也可以及时地完成信息接收、信息反馈。同时，企业满足客户个性化需求的成本也在不断降低。

除此之外，新媒体营销还具有以下几个特点。

（1）隐蔽性。新媒体的很多形式就存在于我们生活空间的周围，这大大降低了受众与媒介接触的抵触性。

（2）分众性。新媒体营销可以更有效地针对产品的客户群体，信息传播率高，并且分析出受众的使用习惯，找到每个人的零碎时间，取得传统广告难以达到的效果。

（3）广泛性。新媒体具有鲜明的时代特征，可以广泛应用于不同的地方，不仅降低了企业的广告成本，并且大大提高了广告的覆盖率。

二、新媒体营销与传统营销的对比研究

笔者通过总结传统营销模式的形式，将其与新媒体营销模式进行对比，从而凸显出新媒体营销模式鲜明的特点。

（一）传统营销模式的种类

传统营销模式可以细分为以下几种。

1. 代理商营销模式

因为每个企业的实力有限，凭借自己的力量难以在众多地区都建立自己的销售团队，所以企业主要依靠代理商团队进行营销。企业会在各个地区寻找适合自己的代理商，这些代理商由于对本地区的环境、民情十分熟悉，在当地相对容易发展，企业也不需要过多地耗费自己的资源。例如，某些大公司会在各个省份设立自己的省级代理，省级代理再在各个地级市设立自己的市级代理，市级代理再设立自己的县级代理，乃至镇级代理。这种一层层的代理制度看似麻烦，但每一层代理只需要对自己的下一层代理负责。这样做不仅可以迅速抢占市场份额，也为企业发展节省了大量的时间。

2. 经销商营销模式

经销商（分销商）营销模式是代理商营销模式的一种进化。所谓的经销商营销模式，是指经销商从企业购买产品，然后自己再将产品倒卖出去，从而赚取其中的差价。而代理商营销模式只是企业委托代理商进行销售，代理商并没有产品的所有权，他们的利润来源主要是销售产品所获得的佣金。随着企业的发展，其自身的实力也在不断增强，品牌有了明显的知名度，而日趋激烈的市场竞争导致企业利润大幅度下降，资金流的压力也会越来越大。企业为了更好地生存发展，最终会选择大力支持经销商，而慢慢淘汰代理商。

3. 直营模式

采取直营模式的企业，大多具备强大的经济实力和品牌实力，一般依靠自己营销，而不需要代理商和经销商。如南京的华仔理发连锁店，有加盟商，但更多的是自己的直营店，由公司直接负责经营管理。直营模式只适用于一些特定的地区和特定的行业，并不是适用于所有企业。

（二）新媒体营销模式与传统营销模式的比较优势

新媒体营销模式相较于传统营销方式，具备以下几大优势。

1. 新媒体可以与消费者有效互动，进而使其成为新的传播源

在传统媒体时代，企业的营销方式主要为硬性推广，而新媒体营销则加强了企业与客户之间的交流互动，从而达到更理想的传播效果。企业要做到

让每个目标用户都参与到产品的开发设计中去，把品牌理念深入到消费者的心中，通过消费者的口口相传，让品牌影响力扩散下去。反之，如果消费者不能做到和企业融为一体，则企业的营销宣传往往会事倍功半。所以让消费者成为传播源，已成为现代企业最佳的营销方式。

2. 企业的营销成本得以有效降低

新媒体营销的产生使得企业的营销成本大幅度下降。新媒体不仅为企业创造了成本低廉的平台，而且传播费用也大幅度减少。例如，小米手机在发展初期，并没有花费重金在传统媒体上投放自己的广告，而是通过微博、微信、QQ等新媒体进行广告信息的传播。这种方式不仅让更多的消费者参与到广告的宣传之中，更是把品牌深入到了消费者心中。

3. 新媒体为企业带来了巨大的数据库营销宝藏

新媒体的一个显著特点是可以获得大量的用户消息。当用户在各个平台上进行注册时，往往需要提供自己的相关信息，而企业通过这些平台的后台数据，可以收集到大量精准的用户信息，然后企业通过对这些信息进行系统的数据分析，从而发现用户的需求点，进而挖掘用户的消费潜力，以便于企业更精准地制订下一步的营销方案。

4. 企业可以按照广告效果付费

新媒体让品牌传播和品牌建设更为准确和有效。正因为新媒体具有精准投放的特点，所以它可以更高效地获得广告费用，这是传统媒体很难取得的效果。这也是更多企业开始选择利用新媒体进行传播的原因。传统媒体无论在线上还是线下进行品牌传播，效果都无法和新媒体相比。现在的互联网广告都是按照效果进行付费，点击量、粉丝数或小广告的弹出数量，商家都可以通过后台查到，并不用担心欺骗情况的发生。

5. 新媒体能有效地面对危机公关

任何企业的经营都不可能十全十美。面对需求多样化的消费者，任何产品和服务都不可能达到让所有消费者100%满意，而且新媒体的特点包括信息特别分散，舆论难以控制，因此有负面消息的存在很正常，难以避免，但企业要学会如何合理地控制这些负面消息。

新媒体的合理使用，能帮助企业迅速有效地发现不良的苗头，让企业在危机来临时作出合理的拯救措施。公关是企业营销中的一个重要部分，是否能合理地应对危机公关会影响到企业的生存发展。

在如今话语权对等的新媒体环境下，不但媒介有发布信息的权利，消费者也可以通过新媒体发出自己的声音。因此，企业不得不一直保持一种危机意识，同时建立起一整套完备的危机公关机制，注意与各个媒体的合作，以用来应付各种突发危机的出现。

总而言之，传统的营销传播是以大众媒体为基础的，所有的信息都必须依赖于大众媒体才能有效地传播出去。生产厂商或销售者必须要善用媒体，才可能顺利地将自己想要传播的信息传递给消费者。消费者是完全被动接收信息的一方，很难控制自己的信息来源，如何获得信息，获得何种信息，消费者都无法控制。销售者也很难验证广告所取得的效果。而新媒体营销改变了传统营销中的信息单方面流动模式，销售者也能直观地看到广告所取得的效果。

三、企业开展新媒体营销的必要性

新媒体营销作为互联网时代人们关注的焦点，其产生的影响不容小觑。企业开展新媒体营销成为时代发展的必然，其必要性在于以下两点。

（1）营销过程不再受时间因素的影响，营销也从传统的单向传播变为双向交流，使传播存在了交互性，受众从原来的信息接收者变为信息创作者，信息的传播效率大大提高，营销内容也非常广泛。

（2）信息的传播过程不再受空间局限。移动设备与移动网络的普及，使得信息传播的地点更加灵活，使即时发布信息变为现实。

新媒体营销实现了信息的即时传播，这使得企业的营销效率及营销效果的反馈速度有了大幅度的提高。新媒体营销在提供了更深厚的传播内容与更广泛的传播渠道的同时，还对营销管理提出了更高的要求，并在此基础上引出了营销新模式的探讨。以新媒体技术为基础的客户关系管理大大降低了产品投放市场前可能产生的风险，潜在消费者可参与到产品的研发与建议中，基于大量消费者建议而塑造的产品与品牌，必将在市场上长盛不衰。

第二节 新媒体的营销策略

一、新媒体营销目标市场的选择

新媒体的目标市场，主要定义为以互联网为依托的消费群体，是企业为了实现预期的战略目标而选定的营销对象，是企业试图满足其要求而实现盈利目的的消费者群。对于目标市场营销策略而言，新媒体市场与传统市场一样，主要采用以下四种营销策略：无差异性营销策略、差异性营销策略、集中性营销策略、定制营销策略。

（一）无差异性营销

无差异性营销，即企业在面对差异化的市场时，重点关注各个市场之间的共同点，而不关注他们的个性，把整体市场作为营销目标市场。

这种营销方式的优点是产品的一致性有利于规模生产，管理方便，从而可以有效地降低营销成本，帮助企业以低成本取得竞争优势。

这种营销方式的缺点是由于忽略了各个市场的差异性，一旦竞争对手采用差异性营销战略，会造成一大部分顾客的流失。

（二）差异性营销

差异性营销是指企业针对划分市场的不同，推出不同的产品，采用不同的营销方案，从而最大限度地保证各个市场的不同需求。

差异性营销的优点是企业可以根据不同的市场推出适合其需求的产品，是有针对性的营销。这种营销策略有利于提高产品的核心竞争力，保证市场占有率，并且有利于提高企业和品牌的知名度。

差异性营销的缺点是由于生产的产品品种较多，势必会增加企业的管理费用，而且因为产品的生产工序不同，采购原料也不同，必然导致生产成本的增加，因此一般小型企业很难采用差异性营销。

（三）集中性营销

基于自身实力或产品特点，企业很难占领整个市场，所以集中一切资源，有针对性地以一个或几个相似的市场作为目标市场。

集中性营销的优点是企业可以做到资源利用最大化。因为目标市场比较集中，企业能够迅速地开发出适合该市场需求的产品，有利于提高企业在该市场的知名度，并且可以有效地降低生产成本。

集中性营销的缺点是由于针对的市场范围小，经营风险大，一旦市场发生变化，很难保证企业的稳定性发展，所以这种营销策略更适用于资源和实力相对弱小的企业。

（四）定制营销

我们可以把每个顾客当作一个与众不同的市场。由于各类技术的快速发展，各企业的生产制造水平与原来相比有了质的提高，这也使为单个顾客提供合适的产品和服务变成现实。定制营销的使用范围十分广泛，除了可用于传统有形产品，也可用于金融、银行、咨询等服务行业。

定制营销的优点是可以满足客户的个性化需求，提高企业的核心竞争优势，增加企业的市场份额，并且根据客户的需求进行生产，企业可以减少积压库存，降低企业的经营风险。另外，因为定制营销是一对一的营销，大多都是现金结账，可以保证企业的现金流。

定制营销的缺点是个性化生产。另外，对企业的市场反应能力和生产制造水平提出了很高的要求，无论企业的硬件实力还是软件实力，一旦跟不上步伐，就可能对企业造成致命的危害。

二、新媒体营销的组合策略

4P营销理论产生于20世纪60年代，是随着营销组合理论的出现而出现的。1953年，尼尔·博登（Neil Borden）在美国市场营销学会的就职演说中首次提出“市场营销组合”，其目的在于指出所谓的“营销变量”和“营销要素”都或多或少地在一定程度上影响了市场需求。

1967年，菲利普·科特勒（Philip Kotler）在其畅销书《营销管理：分析、规划与控制》中进一步确认了以4P为核心的营销组合方法，即：

（1）产品（Product）。注重产品的开发，要求产品有自己的核心竞争力，把产品的功能放在第一位。

（2）价格（Price）。根据不同的市场投放不同的产品，从而制定不同的价格。企业的市场定位、产品定位、战略要求和品牌战略是产品的定价依据。

（3）渠道（Place）。厂商生产产品并不直接对用户出售，而是根据自己逐层建立起来的经销商和销售网络来实现销售。

（4）促销（Promotion）。企业通过一定的销售手段刺激消费者，从而达到销售业绩的短期增长。

营销理论发展近几十年来，其内容、体系、结构都得到了不断的完善，但4P营销理论研究格局始终未得到突破，但其一直是研究市场营销的主要依据。随着近些年来信息技术的快速发展，4P营销理论也逐渐适用于新媒体营销。

三、新媒体营销的品牌策略

品牌营销是企业通过一系列营销活动使客户对企业品牌和产品形成认知，其策略包括品牌个性、品牌传播、品牌销售、品牌管理。企业要想扩大市场份额，保持竞争力，品牌是不可缺少的一部分。品牌又是我们俗称的"口碑"，利用品牌的优势，可以在无形中把企业和产品的形象输送到消费者心里，使消费者对该企业及产品保持一个较高的信任度，从而有利于产品的推广和销售。

第三节　新媒体营销策略实证分析

一、小米公司概况

小米公司诞生于2010年4月，是一家以智能化产品研究和开发为关注重点的移动互联网公司，小米的核心产品是小米手机。"为发烧而生"是小米的产品理念。小米公司率先开创了手机行业内通过使用互联网模式对手机操作系统进行开发、并让“发烧友”参与到手机的开发、改进中的运营模式。雷军坚信，21 世纪的手机不再仅仅是单纯的硬件或软件的比拼，只有做到软硬件完美结合才能让用户体验达到理想状态。

小米手机的操作系统MIUI是其深度定制的Android手机操作系统，也是小米手机独有的手机操作系统，较原生的Android系统做出了 100 多项改进，目前已经有 221 个国家和地区的用户可以使用。

本节主要对 2016—2017 年小米手机的营销策略进行实证分析。

二、小米手机新媒体营销策略分析

（一）小米手机“4P”策略分析

1. 产品策略

概念营销即将那些准备传达给消费者的品牌文化，通过概念转换、概念传播，达到使消费者认同并购买的目的。

（1）小米手机是定位于“发烧友”的手机，核心卖点是高配和软硬一体。

（2）小米手机的研发不仅有自己公司工程师的参与，更重要的是让“发烧友”参与进来，让更多的人参与到手机的设计当中，这不仅完善了手机的性能，更重要的是取得了一个效果极佳的宣传作用。

（3）小米手机的核心优势就是它的硬件配置，领先的配置和MIUI系统使小米手机在智能手机领域中一直处于较为领先的地位。小米手机自行研发的软件也给人们的生活带来了很大的便利。优良的硬件和软件相结合，使小米手机得到了很多消费者的青睐。

2. 定价策略

小米公司每推出一款产品，都会举行一场发布会。雷军会在发布会上先介绍手机的性能和配置，最后谈到价格时往往会给消费者一个惊喜。除红米外，小米每款手机的定价都在 2 000 元左右，将如此高配置的手机定在一个比同配置手机低近一倍的价位上，就具有了很强的市场竞争力。而且在这个价位上，很少有消费者会想到讨价还价。

3. 渠道策略

近年来，小米手机逐步发展为“线上+线下”的双渠道销售模式，但由于其本身围绕“线上销售”与“极致性价比”的商业模式，导致经销商利润较低，线下渠道的发展较为缓慢。为此，小米手机通过加快开店速度、提高周转率等方法应对，结合自身强势的线上销售能力，未来将进一步增强多渠道的销售能力。

4. 促销推广策略

小米手机从诞生那一刻起，在自己的促销手段上就表现出了独特之处，并且取得了不同寻常的效果。

（1）高调的发布会。小米公司每推出一款产品，都会举行一场发布会。发布会在北京召开，形式酷似于苹果的手机发布会，这种发布会的方式必然受到大众媒体和广大年轻消费者的关注。

（2）率先发布工程机。在小米手机准备发布之前，小米公司会提前推出工程机，并通过秒杀的形式进行销售。工程机的价格要比标准版优惠 300 元。销售工程机的行为在国内尚属首例，

（3）新媒体营销。小米手机通过与微博、微信、QQ 等国内大的社交媒体合作，迅速地提高了知名度。

（二）传统手机营销模式分析

长久以来，手机行业大多使用的是层级代理制，即一般分配给全国总代理进行销售，再由总代理分配给二级经销商、三级经销商，有时可能会达到四级，这样一级一级往下分销可以使厂商充分利用批发商的资金和销售渠道，并能保证产品很快到达终端消费者的手里。这种代理方式的一个明显弊端就是各批发商之间容易形成恶性竞争，争相降价，破坏市场规则，对企业品牌产生负面影响。

此外，还有很多手机厂商选择直销模式，即手机厂商在各地设立自己的直营店，由厂家进行直接统一管理。这种营销模式的优势在于人们对其门店信任度较高，因为这种店不会出售所谓的“山寨”品牌，并且统一管理能让消费者得到更专业的服务。而其弊端在于，厂家在各地设立直营店需要的投资成本较高，并且要保证每个门店的库存，这往往就意味着要占用厂家的现金流，导致厂家的现金压力增大。

三、小米手机新媒体营销方案分析

（一）小米手机网络营销方案分析

1. 小米的微博营销

微博营销是指以微博为平台，商家或个人不断更新内容，向网友宣传产品的信息，从而将潜在营销对象变为消费者的一种营销方式。微博的两个主要特点是“关系”和“互动”。小米公司一直将微博作为官方公布信息的窗口，其有 20 多个对技术或产品精通的员工专门负责微博营销，他们会在微博上针对用户反映的问题进行及时沟通和解决，注重与消费者的互动。

2017 年 5 月，小米公司通过其官方微博发布“大屏大电量#小米 Max2#，转发送出 30 台”活动，这条微博发布以后，在不到一周的时间里，就被转发了近 20 万次，有近 4 万的用户参与评论。

小米微博营销的成功也给了其他公司一些启示：做营销首先要善于合理地调动一切可以调动的资源，保证资源利用的最大化；其次公司从上到下要高度重视，很多公司做微博营销往往是把商品信息发布到微博上，然后就置之不理了，忽略了与客户的互动这个最重要的因素，小米公司在这方面就做得十分成功，每天不但有公司专门的技术员工与客户进行互动沟通，公司的高层也会在微博上关心回馈粉丝。

2. 小米的微信营销

微信营销是目前市场上最火的新媒体营销手段之一，其风头更是超过了微博营销，但与微博营销大量的成功案例相比，其成功的大数据案例还是较少的，但小米的微信营销做得相当成功。

第一，利用微博、第三方合作及小米官方渠道等多种方式增加微信粉丝。小米的微信平台是在 2013 年 2 月建立的，到 2013 年 5 月底，其粉丝数量已经达到 105 万，这些粉丝中，有 10%来自于新浪、腾讯微博。小米在新浪微博上有两个公共号，粉丝数量有 300 万左右，所以小米公司一直认为将微博里的 300 万粉丝的 20%转到微信平台上应该是一件轻而易举的事情，但是结果让人很失望，因为微博关注只是一种浅层的关注。在这 105 万粉丝中，来自于第三方合作的占到五分之二左右。第三方合作我们可以认为是大号互推，如腾讯、新浪等比较好的第三方平台。

第二，通过官方渠道将原有的用户拉到微信平台上，这部分用户的数量达到了一半，这是小米微信粉丝最重要的来源。小米官网拉粉分为两个阶段：第一个阶段是广告拉粉。小米官网每周都会进行一次开放购买，在“点击预约”按钮的下面有“关注小米手机微信”的二维码广告，很多人会顺带关注小米手机的微信。从 2 月到 4 月，每个月做 4 次，每次大概新增粉丝 3 万个。到4月以后就进入疲劳期，每次新增粉丝数量不足1万。第二阶段是活动拉粉。小米当时做了两个有特色的活动，一个是小米手机“非常 6+1”活动，每天 6 道基础题+1 道挑战题，答对 6 道基础题后，可选择是否参与挑战题的问答，如果仍回答正确，则积分翻倍，并且有机会获得手机充值卡和小米手机 2F 码。短暂的 3 天活动，参与人数达到 21 万，小米微信增加粉丝数量 6.1 万，总接收信息量达到 400 多万。

活动拉粉是一种较为传统的形式，既可以激活老用户，又可以拉动新用户，但并不是所有的企业都可以成功地做到。小米的成功有其可以复制的方法论：第一，预热，提前两天利用微博、微信等方式进行预热；第二，当天加强推动力，调动身边一切可以利用的资源进行宣传；第三，活动结束后再力推下。重大活动带来的粉丝量是惊人的，小米公司做得尤其成功。

微信营销的定位更加注重客服，这对客户关系管理的提升有很大帮助。对于微信的定位，很多企业都认为其是推广产品的一个重要平台。小米公司早先也打算把微信当作一个重要的推广工具，后来在慢慢的摸索中将其定义为客服。微信给小米带来的直接效应就是每年节省了几百万元的短信费。小米公司专门开发了一个技术平台，当用户的手机遇到死机、重启等问题时，系统会帮用户找到相应的人工客服。

大部分人对微信营销存在一定的误区，很多人认为粉丝的数量远不及互动的质量重要。其实不然，微信粉丝的互动质量固然重要，但其数量更为重要。尤其对于小米这种大型的公司而言，如何把自己的用户转化为粉丝，是首先要解决的一大难题。很多人还认为微信推广的成本高，但从小米的经验来看，推广的成本并没有多少，因为主要用的都是自身的渠道，其主要成本就是活动的奖品等。

（二）小米手机营销的独特性分析

首先，小米手机对自身的精准定位，符合手机行业未来的发展趋势。在营销战略上，小米公司从成立起就把自己定义为一个互联网服务型公司，而不是单纯的手机制造公司。小米公司依靠自己独创的MIUI系统及不断更新的服务内容取得竞争优势，而不是像过去一样仅仅依靠硬件。未来手机行业的发展趋势也是如此。小米手机从问世起，就将价格定位在2 000元左右，从而迅速获得了那些对价格十分敏感、重视性价比的消费者的青睐。

其次，小米手机打造品牌虚拟社区——小米之家。小米手机把品牌虚拟社区做成了企业新产品开发及发布的信息库，小米之家的成员可以说是小米公司的忠诚用户。小米可以通过与这些“米粉”的互动，了解其在使用手机过程中遇到的问题，以及对手机产品的创新性建议，从而帮助企业更好地创新和开发出符合客户需求的理想产品。

同时，小米手机注重以口碑营销为主的推广策略，在维护老客户的基础上，努力寻找新的客户群体，并且不断提高小米论坛成员之间的连通性。在口碑宣传方面，小米公司采取了蜂鸣式营销的策略，利用互联网的影响进行营销，吸足了众多消费者的眼球。

最后，小米手机高度重视新媒体营销。小米公司充分利用新浪微博、QQ、微信等新媒体，并且对这些社交媒体作了详细的市场定位，分析出每个社交媒体上消费者的特征，从而达到更精准的产品投放。小米手机还通过在这些社交媒体上及时更新信息，定期与用户进行互动，从而让更多的人知道小米，认识小米，重视小米。

（三）小米手机营销带来的影响

首先，对于其他手机品牌而言，以前将营销的重点放在传统营销渠道上，经过对小米手机营销策略的分析，会将一部分精力放在新媒体营销上。可以说，小米手机率先实行的新媒体营销将带动手机行业的社会化营销水平，推动手机行业的新媒体营销进程。

四、小米手机新媒体营销效果分析

（一）小米新媒体营销的成功之处

小米手机新媒体营销成功的原因在于其对自己的消费者定位明确，即将20岁至30岁之间的人群定位为主流消费群体，因为这些人接受新鲜事物的能力较强，喜欢上网，并且攀比心较为严重。随着淘宝、京东等电子商务网站的兴起，人们对电子商务的认知度也在逐渐增加，并且保持了对小米的认可度，这也给小米手机的新媒体营销奠定了基础。并且随着QQ、微信、微博等交友软件的兴起，年轻人玩手机的大部分时间用于这些软件，这就给小米手机的传播提供了渠道。最后，小米手机的价格定位给了这些本身经济情况不是很好的消费者易于接受的心理预期。正是以上几个原因的积累，为小米手机提供了一个飞速发展的机会。

（二）小米新媒体营销的不足之处

现在已经有很多企业开始涉足新媒体营销，导致各个行业的竞争十分激烈，每天大量的商品信息充斥着网络。如何在众多的信息中引起消费者的注意，成为商家不得不认真考虑的问题。小米手机没有强烈的品牌意识，对品牌宣传和品牌提升没有足够的重视，从而难以在消费者心目中形成独特的品牌效果，这就导致小米手机有出现“昙花一现”的可能。

五、新媒体营销对营销效果的影响

新媒体最大的特点是每个人都有发言的权利，并且新媒体语境下，人与人之间的沟通具有及时性和互动性。这在很多方面改变了传统的营销传播体系。现在不像过去，企业生产什么产品，消费者就要接受什么产品。消费者的个性化需求变得十分强烈，他们会提出自己的想法和建议，并希望公司能够采纳接受。因此从某种意义上说，市场的权利已经从企业手中转移到了消费者手里。新媒体本身具有的互动性优势，也有利于企业和潜在的消费者之间进行沟通，从而了解他们的需求，并对需求进行统计分析，做出最受市场欢迎的产品，从而达到企业和消费者之间的双赢。

然而现在很多公司，尤其是大机构，还在采用传统的方法和外界进行沟通，他们很难去改变自己的观念。但这种新的趋势肯定会越来越明显，现在已经有很多的广告公司、公关公司通过新媒体进行对外传播，并且取得了极佳的效果。虽然我们对新媒体的利用还没有形成一套完整的理论体系，但我们相信新媒体的影响力肯定会越来越大，越来越强。这是给企业和组织带来的挑战，同样也是巨大的机遇。

六、小米手机新媒体营销的启示

很多传统企业并没有跟上新媒体营销的步伐，而是一直沉浸在传统营销方式所带来的成功中。随着时代的发展，很多企业想更好地采用新媒体营销方式，但基于公司人员的管理水平有限，在进行新媒体营销的过程中没有取得理想的效果，因此笔者对企业进行新媒体营销提出以下几个策略。

（一）新媒体与传统媒体有机结合

传统媒体虽然有逐渐被新媒体取代的趋势，但影响力还是很大。电视、广播、报纸还是有其各自的优势。尤其是电视，现在的覆盖面仍然很广，大多数家庭仍以电视为主，尤其对老年和儿童来说，电视是重要的娱乐和接收信息的渠道，如老年保健品的销售，应该以传统营销为主，新媒体营销为辅。21 世纪企业的销售不应该只局限于一种营销方式、营销渠道，要学会做到两种营销方式的有机结合，保证资源利用最大化。

（二）提升营销人员的营销技能和手段

很多传统行业目前仍然采用传统营销手段，如上门拜访或电话营销，营销方式单一不变。这些人员对新媒体营销的概念淡薄，面对新媒体营销手段时不知所措。而新媒体营销需要素质水平较高、善于学习和利用新媒体营销技能、熟悉各种新媒体营销技术的高端知识性人才，这就要求企业要不定时地为营销人员进行新媒体营销相关的培训，让营销人员熟悉新的营销技能，跟上社会发展的潮流。

（三）精选新媒体营销方式

新媒体营销的种类有很多，如微信、微博、微电影等，但对于某一企业来说，并不是每种方式都适用，因为每种方式所针对的客户群体并不相同。企业如果不能合理运用新媒体营销方式，有时会取得适得其反的效果。

（四）学会借助第三方力量

因为中国的民营企业中小型企业占据多数，而这些企业的自身能力非常有限，并没有充足的资金和精力去打造自己的新媒体营销平台，这时就要学会借助第三方平台。

（五）多开展新媒体营销活动，增加与客户的互动

国内很多企业都建立了自己的新媒体营销网站，但网站内容千篇一律，毫无特色可言，而且很多企业认为建立了网站就等于有了新媒体营销渠道，只需派几个人或委托第三方进行网站的维护，然后就可以等着消费者自己找上门来。这些企业的营销行为处于“完全被动”的一方，不符合新媒体营销的运作模式。企业应该学会“主动出击”，根据自己的特点、发展理念、产品特色等开展营销活动，及时更新网站内容，以最快的速度把信息传送出去，做到与消费者群体的及时沟通和互动。

（六）坚定信念，不轻易放弃

任何一种新产品或新技术的推广初期，都很难取得很好的预期效果，新媒体营销也是如此。毕竟人们对新东西不熟悉，需要从无到有的了解过程。而在这个过程中，有的企业无法坚定自己的信念，选择了放弃；而有的企业则坚定信念，最终获得了巨大的发展。所以任何事情都不能操之过急，万事都有发展的过程。新媒体营销的发展时间还很短，它的成长需要时间，需要过程，所以企业在发展新媒体营销的道路上要坚定自己的信念，相信未来肯定会获得成功。

第五章

新媒体管理策略分析

第一节　新媒体的战略管理

对于各类新媒体企业来说，要想在激烈的竞争中一直保持优势，就需要引进战略管理思维，系统、动态地把握内外经营环境，适时调整发展方向，不断优化资源配置，将日常经营与计划控制有效结合，使总体战略目标与局部战术目标结合起来。

一、战略的五种定义

“战略”原是一个军事术语，指军事将领指挥军队作战的谋略，后来被引申至政治和经济领域，其含义演变为泛指统领性的、全局性的，能够左右胜败的谋略、方案和对策。

20世纪80年代，加拿大麦吉尔大学的亨利·明茨伯格（Henry Mintzberg）教授在对以往战略理论进行梳理和深入研究的基础上，提出“5P”来概括人们对战略的各种定义，即计划（Plan）、计谋（Ploy）、模式（Pattern）、定位（Position）和观念（Perspective），如图5-1所示。

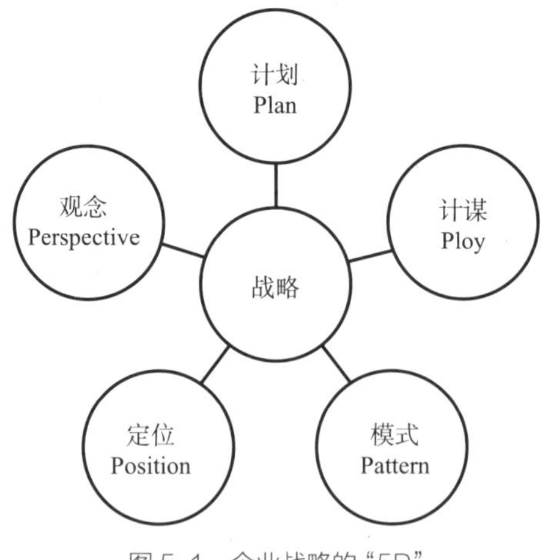

图5-1　企业战略的“5P”

（一）战略是一种计划

从企业发展的角度来看，战略是一种计划。根据这一界定，战略是一种有意识、有计划、有组织的行动程序，解决的是一个企业如何从现在的状态达到预定目标的问题。战略主要为企业提供发展方向和途径，包括一系列处理某种特定情况的方针政策，属于企业“行动之前的概念”。任何企业的经营活动，都必须遵从企业的战略方针，使各部门、各环节步调统一、运行有序、协同合作，齐力实现企业的战略目标。

（二）战略是一种计谋

从企业竞争的角度来看，战略是威胁和战胜竞争者的计策和谋略，如中国移动在全国范围内布局动漫、音乐、阅读等内容基地，凸显其基于移动内容产业的战略设想，从而给其他的竞争对手以威慑，令其知难而退或另寻出路。

（三）战略是一种模式

从企业过去发展历程的角度来看，战略是一段时期内一系列行动流的模式。该定义认为，企业在某一时期基于资源而形成的使命与目标固然重要，但更重要的是企业已经做了什么和正在做什么。早期的战略观念强调分析和计划，但是战略是模式的概念则更强调企业的行动。按照这一概念，即使企业没有任何书面形式的战略计划，它也可能是有战略的。也就是说，计划并不是战略的必要条件。此外，模式也意味着企业行动的一致性，而这种一致并不完全是正式计划或建立目标的结果。

企业行为模式是在历史中形成的，因此在制订企业战略的过程中必须了解企业的发展史，在选择战略时要充分考虑并尊重企业原有的行为模式，因为它会在很大程度上决定企业未来战略的选择和战略实施的有效性。若要改变企业的行为模式，首先必须充分认识到推行这种变革的难度。

（四）战略是一种定位

从产业层次来看，战略是一种定位，是一个企业在其所处市场环境中的位置。根据这一界定，企业需要明确自身的核心业务、目标市场和竞争边界，继而把企业的重要资源集中到相应的地方，形成一个产品和市场的“生长圈”，使得企业的内部条件与外部环境更为融洽。需要指出的是，战略是一种定位的概念，引进了“多方竞争”及超越竞争的含义。

（五）战略是一种观念

从企业层次来看，战略是一种观念。它体现了组织中人们对客观世界共有的认知方式。在这个意义上，企业战略决策者在对企业外部环境及企业内部条件进行分析后作出的主观判断就是战略。因此战略是主观而不是客观的产物。当企业战略决策者的主观判断符合企业内外部环境的实际情况时，所制订的战略就是正确的。

战略是一种观念的定义强调了战略的抽象性。其实质在于，同价值观、文化和理想等精神内容为组织成员所共有一样，战略观念也要通过组织成员的期望和行为形成共享，而个人的期望和行为是通过集体的期望和行为反映出来的。故而研究一个组织的战略，首先要了解和掌握该组织的期望如何在成员间分享，以及如何在共同一致的基础上采取行动。

二、战略管理的界定、特点和过程

（一）战略管理的界定

企业战略管理的概念最早由美国学者伊戈尔·安索夫（H. Igor Ansoff）在其 1976 年出版的《从战略规划到战略管理》一书中提出。安索夫认为，企业的战略管理是指将企业的日常业务决策同长期计划决策相结合而形成的一系列经营管理业务。美国加州大学的乔治·斯坦纳（George Steiner）在其 1982 年出版的《企业政策与战略》一书中则认为企业战略管理是确立企业使命，根据企业外部环境和内部经营要素确定企业目标，保证目标的正确落实并使企业使命最终得以实现的一个动态过程。

综合相关理论，笔者认为：战略管理是一组管理决策和行动，是外部竞争策略和内部管理优化的组合。对外而言，战略管理是确定并实施产业选择、产品和业务选择、定位和关键竞争方式的过程；对内而言，战略管理是选择并实施组织最优经营管理的过程。战略管理的最终目的是使企业适应环境变化，有效整合资源，从而获得长远发展。

根据上述界定，我们需要明确以下两点。

第一，战略管理是一项综合性的管理活动，它不仅涉及战略的制订和规划，也包含着将制订出的战略付诸实施的管理，因此是一个全过程的管理。

第二，战略管理不是静态的、一次性的管理，而是一个循环往复的动态管理过程，它是需要根据外部环境、企业内部条件的改变及战略执行结果的反馈信息等作出调整，再进行新一轮战略管理的过程，是不间断的管理。

（二）战略管理的特点

1. 全局出发

战略管理是从企业的全局出发，根据企业总体发展的需要而制订的，其管理的范畴是企业的总体活动，追求的是企业的总体效果。企业的局部活动是作为总体活动的有机组成在战略管理中出现的。也就是说，战略管理不是强调企业某一事业部门或某一职能部门的重要性，而是通过制订企业的使命、目标和战略来协调企业各部门进行一盘棋运作。

2. 面向未来

战略管理一般考虑的是企业未来较长时期（五年以上）的生存和发展问题。企业在设定战略并加以实施的过程中，必须不断地对产业发展潮流作出预判，对可能存在的市场机遇和威胁作出预估，对政府、媒体、供应商、竞争者、消费者等各类利益相关者的动向作出预测，对企业的成长性作出预设，否则就可能出现方向上的问题，不仅浪费大量资源，还有可能错失发展良机。

3. 高层统摄

战略管理涉及企业活动的方方面面，虽然它也需要企业各层级管理者和全体员工的参与和支持，但总体方案必须由企业高层决策者拟定，具体实施也需由高层决策者统摄。这不仅是因为高层决策者能够统观企业全局，更重要的是他们具有对战略实施所需资源进行分配的权力。

4. 资源保障

战略管理的一大重点是对企业的人、财、物等各类有形和无形的资源进行统筹规划、合理配置。对任何企业而言，资源都是有限的，强调对有限资源的优化配置是为了节约资源、提升资源的使用效益、满足重点业务的发展需求、保证企业长期发展的动力，并进一步保障企业战略目标的顺利达成。

（三）战略管理的过程

战略管理过程一般包括如图 5-2 所示的 4 个步骤。

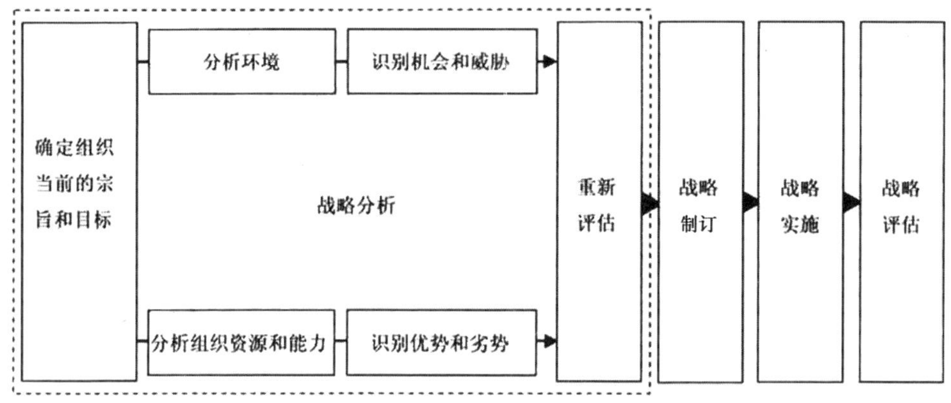

图 5-2　战略管理过程

1. 战略分析

战略分析指通过对企业组织的宗旨和目标、外部机会和威胁及内部的优势和劣势进行分析，以决定企业的战略方向，主要包括如下几个方面。

第一，确定组织当前的宗旨、目标和战略性质。确定公司的宗旨是为了促使决策层仔细审视公司的产品和服务范围。对“我们到底从事的是什么事业”的理解关系到公司的指导方针。如今，如果哪个移动运营商还把自己的事业仅仅聚焦在“通信网络”而非“信息服务”，那么这个企业的未来堪忧。此外，决策层还必须搞清楚企业的目标及当前所实施战略的性质，并对其进行全面而客观的评估。

第二，外部分析。即对组织的运营环境进行考察，分析企业所面临的各种战略机会及所受到的各种战略威胁。其目的是形成一张涵盖对公司有利的有限机会和应该避免的威胁的清单，所谓“有限”，表明外部分析绝非找出所有可能影响公司的机会，而是识别出能付诸实践的关键因素。一般来说，组织的外部环境可以分为三个层次：其一，总体环境，包括经济、政策法规、社会文化、技术、人口和全球环境六个方面，这为企业的长期发展提供了驱动力；其二，产业环境，即产业的竞争程度和产业利润潜力，包括产业内竞争者的竞争态势、潜在进入者的威胁、替代产品或服务的威胁、供应商和购买者的议价能力等方面；其三，竞争环境，主要指组织所面临的竞争对手，是对总体环境和产业环境分析的必要补充。

第三，内部分析。内部分析是组织识别自身优势与劣势并确定成功关键因素的过程，主要包括核心竞争力分析（包括有价值的能力、稀缺的能力、难以模仿的能力和不可替代的能力）、管理能力分析、财务资源能力分析、市场营销能力分析、人力资源状况分析、生产运作分析及企业文化分析等方面。

2. 战略制订

战略主体在了解、分析内部和外部环境，确定了本身所具有的优势和劣势及面临的机会和威胁后，借助SWOT矩阵、SPACE矩阵、波士顿矩阵等战略决策工具，将企业的内外部关键因素进行匹配，选择、制订出其赖以生存和发展的经营战略方案，并围绕经营战略的要求阐明经营战略的政策，从而为战略实施提供条件。此外，战略还需要分别设立在组织的公司层、事业层和职能层。战略制订环节决定着企业走向，因此通常被看作是战略管理至关重要的部分。

3. 战略实施

这是战略管理的行动阶段，是使既定的战略转化为实际行动并取得成功的过程。它是指通过一系列行政的、经济的、法律的手段，为达到战略目标所采取的一切行动。如果说战略制订的关键在于其正确性，那么战略实施的关键则在于其有效性，其成败取决于能否把实施战略所必需的组织、资金、人员、技术等资源及各项管理功能有效地调动起来加以合理配置。具体而言，这包括建立对公司战略起着支持作用的政策和运作系统，将资源分配给对公司战略起关键性作用的活动，营造一种有利于战略实施和执行的公司文化，建立公司的信息系统、交流系统和运作系统，设计组织结构，分配资源，确保组织获得高技能的员工，制订能够使员工行为与组织战略目标一致的报酬系统等手段。

4. 战略评估

制订、执行和实施战略的任务从来不会一次实现。如果说战略的制订过程属于主观认识范畴，那么其真正的价值只有经过实践才能得到验证。在战略实施后进行战略评估，将进一步印证对外界环境的分析是否正确、所制订的战略途径和手段是否有效等判断，从而发现问题和差距，分析产生问题的原因，根据变化的环境对组织战略作出适当调整，并在必要时采取修正性措施，使战略行动更好地与环境及所要达到的目标相协调。战略评估框架如图 5-3 所示。

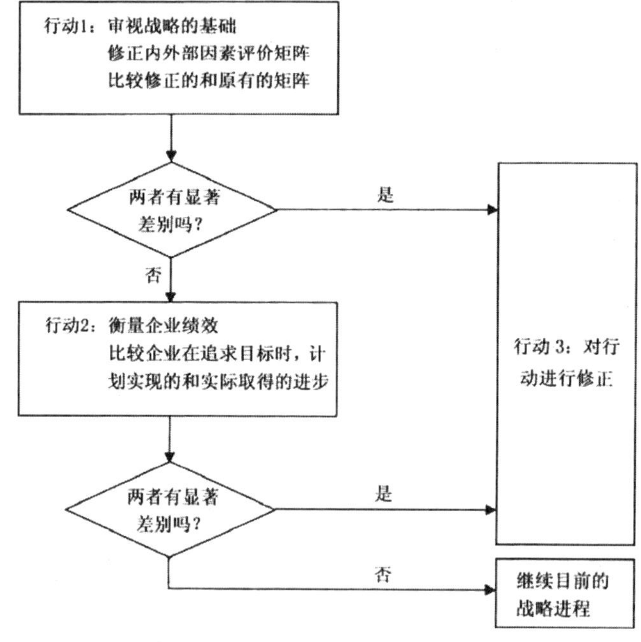

图 5-3　战略评估框架

三、新媒体战略的实施

如果不能有效地实施，再好的战略也注定会失败。

战略制订与战略实施的差异体现在多个方面：第一，战略制订是在行动之前部署力量，战略实施是在行动之中驾驭力量；第二，战略制订注重效能和效益，战略实施注重效率；第三，战略制订主要是一个思维过程，战略实施主要是一个操作过程；第四，战略制订需要良好的直觉和分析能力，战略实施需要特殊的激励和领导能力；第五，战略制订需对某些个体进行协调，战略实施需对众多个体进行协调。

分析制订新媒体企业的战略只是战略管理迈出的第一步，新媒体企业必须将战略思想转化为战略行动。这种转化需要经历从战略策划者到各部门主管的责任转移，使企业的资源、组织结构、业务流程、激励计划、人员管理、组织文化等围绕战略加以调整和变革。综合分析多个公司的案例可以发现，在战略的实施过程中，应努力让整个组织的管理者和员工都尽可能早地直接参与战略的决策过程，这对于公司更好地沟通和贯彻战略方案，以及增强全员的主人翁意识至关重要。

根据弗雷德 · R. 戴维（Fred R. David）的理论，从管理的视角来看，战略的实施需要建立年度目标、制订政策、配置资源、管理冲突、调整组织结构与战略匹配、修订奖励方法和激励计划、克服变革阻力、培育支持战略的文化。

（一）建立年度目标

由新媒体企业中所有管理者共同参与建立本企业的年度目标，既可以加强管理者的认同感和责任感，也有利于管理者监测战略目标的实施进度、评价战略实施成效，还有助于激励员工并使他们加强自我认知。

通常，新媒体企业的年度目标包括收入规模及增长率，利润规模及增长率，以及按业务、地域、顾客群体和产品分类的市场份额等内容。年度目标应具备的特征有：可度量、协调一致（年度目标应重视横向一致性和纵向一致性，如当市场部门无法短期内拓展更多的广告客户时，新媒体企业产品部门的产品研发哪怕超出年度计划一倍也是徒劳；又如数字内容部门年度目标如果只是比去年增加 10% 的版权购买投入，就很难保证新媒体企业实现广告收入增加 30% 的目标）、合理、明确、有挑战性、在公司中得到宣传、有适当的时间要求、附以相应奖罚规定等。如图 5-4 所示的某新媒体企业的分级目标。

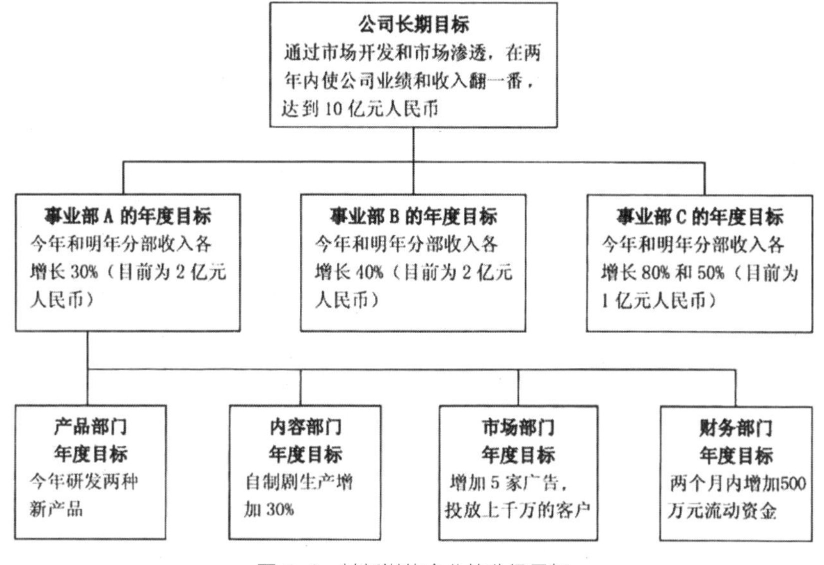

图 5-4 某新媒体企业的分级目标

年度目标对于新媒体企业的意义重大，但需要注意的是，过于强调目标的完成也会导致不良行为，如编造虚假数字、为完成任务而完成任务等。

（二）制订政策

广义的政策是指为了支持和鼓励员工努力实现既定目标而制订的具体准则、方法、程序、规则和章程。政策是战略实施的工具，政策为各种奖励和惩罚员工行为的管理活动设置了边界、约束和极限。此外，政策还明确了在追求企业目标时可以做什么、不可以做什么，如许多新媒体企业在进一步拓展广告业务的过程中，为了净化广告环境、提升广告价值，严格按照《中华人民共和国民法典》的相关规定对客户加以审核，杜绝各类违法广告。

政策使雇员和管理者知晓企业期望他们做什么，进而提高了实施战略获得成功的可能性。政策为管理控制活动提供基础，并协调组织单元间的关系，还可减少管理者用于决策的时间。此外，政策明确了谁应该做什么，也将决策权适当地委派给下面某些问题多发的管理层级。许多企业都有用于指导员工行为的政策手册。

（三）配置资源

资源配置是战略实施中的一项中心活动，战略管理有时又称为“资源配置过程”。战略管理使资源能够按年度目标所确定的优先顺序进行配置。而在不进行战略管理的企业中，资源配置往往基于政治或个人因素。

对于各类新媒体企业而言，如何依据年度目标确定的轻重缓急配置人力资源、财力资源、物力资源、内容资源和技术资源，是其战略能否顺利实施的关键。而在具体的配置过程中，现有资源也只有通过项目、人事、控制和承诺才能发挥作用。例如，英国广播公司（BBC）在实施新媒体发展战略时，十分注重整合内部资源，以改变传统组织结构中业务部门间泾渭分明、工作内容单一的局面。以新闻团队为例，BBC将原本独立的电视、广播和网络新闻运营平台整合成世界先进的跨平台多媒体新闻中心，一方面加强了内容优质的传统优势，另一方面注重引进数字化工程和新媒体技术，实现了资源的有效配置。

（四）管理冲突

冲突是指双方或多方在一个或多个问题上的分歧。目标间的依赖和对有限资源的竞争往往会导致冲突。

年度目标的建立可能会导致冲突，其原因包括人们各不相同的期望和观念、计划带来的压力、个性的不合等。例如，对于一家门户网站，内容部门为了增加点击量，可能会作出减少20%广告位以优化用户体验的目标设计，但这就会与营销部门将广告收入提高30%的目标发生冲突。

在企业确立战略的过程中也会发生冲突。管理者和战略制订者必须在权衡如下侧重点方面作出取舍：短期盈利与长期增长、盈利率与市场份额、市场渗透与市场开发、增长与稳定、高风险与低风险、社会责任与利润最大化等。例如，从长期来看，对于一家视频公司而言，逐年投入更多的资金以购买内容版权对于竞争力的建构非常必要，但这意味着成本的居高不下，从而与公司对盈利率的追求产生冲突；又如在市场竞争愈演愈烈的情形下，持续的品牌建设有利于突出某社交网站的差异化定位，并能够因此获得更多的新用户，然而对于那些融资存在困难且生存维艰的社交网站而言，短期内对品牌建设资金的削减却又是必须要做的事。

化解冲突的方法可分为回避、缓解和正视三类。回避包括无视问题而寄希望于冲突自行解决，或将相互矛盾的个人或群体进行分离；缓解包括减弱矛盾双方的冲突，强调双方的共同点和共同利益，或通过妥协淡化胜负，或遵从少数服从多数的原则，或请求高级权威裁决，也可调整当前立场；正视包括交换对立双方人员意见，以促进相互理解，或召开会议使对立双方陈述各自的观点，求同存异，设法解决冲突。

冲突不一定是坏事，冲突的缺失有时是漠不关心、麻木不仁的信号。冲突可以激发对立群体采取行动，进而帮助管理者发现问题。

（五）调整组织结构与战略匹配

战略的变化往往要求组织结构发生相应变化。这是因为以下几点：组织结构在很大程度上决定了目标和政策如何建立，如在基于产品类别的组织结构中（如事业部型），目标与政策常常用产品术语来描述；企业的组织结构决定了资源的配置方式，如果组织结构是依据职能领域设置的，则资源配置也要按职能领域进行。

对特定的战略或特定类型的企业而言，不存在一种最优的组织结构设计。适用于一家企业的组织结构未必适用于另一家类似的企业。随着企业的不断成长或多种基本经营战略的相互结合，其组织结构将经历由简单到复杂的发展过程。

通常，企业的组织结构包括职能型、事业部型、战略业务单元型及矩阵型。

职能型组织结构在企业中使用得最为广泛。此种结构将任务和活动按业务职能，如生产、营销、财务、研发和管理信息系统等进行分类。除了经济，职能型结构还可以推动劳动的专业化分工，促进企业有效地使用管理和技术人才，优化企业对复杂系统的控制，并有利于管理者迅速作出决策。然而职能型组织结构也容易导致企业目光短浅、思路狭隘、各自为政、沟通困难，可能会损害公司的整体利益。

事业部型组织结构也被许多企业采用。随着自身的成长，企业在管理不同市场中的不同产品和服务时，会遇到越来越多的困难。为了激励员工、控制运作及在不同地区成功竞争，有必要采取某些分权式组织结构。分权式组织结构可按地区、产品或服务项目、用户或工序、业务过程加以设置。事业部型组织结构的优点是责任明确，促进授权，在组织内部形成竞争环境，利于增加新产品和新的销售区域，此外还可以对产品、客户和区域进行严格管理和监督。例如，2012 年 5 月，腾讯划分了企业发展事业群（CDG）、互动娱乐事业群（IEG）、移动互联网事业群（MIG）、网络媒体事业群（OMG）、社交网络事业群（SNG）、技术工程事业群（TEG）六大事业群，2014 年 5 月，腾讯又成立了微信事业群（WXG）。同样，事业部型组织结构也有缺点，如可能会分散公司的资源，阻碍各业务部门之间的有效共享，事业部间的竞争还可能会影响公司的和谐等。

随着企业中事业部或分公司数量、规模和类型的增加，战略制订者对事业部的控制和评价愈加困难。销售的增长往往不能导致盈利的同步增长，企业最高层的控制幅度也变得过大，这时，有的企业就会选择战略业务单元型组织结构，将同类的分公司或事业部归并成战略业务单元，委任高层管理者对其负责并直接向集团公司CEO报告。

矩阵型组织结构最为复杂，因为它同时依赖纵向和横向的权力关系与沟通（故称“矩阵”），而职能型和事业部型组织结构主要依靠纵向的权力关系与沟通。由于设置了更多管理职位，矩阵型组织结构的管理费用很高。此外，矩阵型组织结构的另一个缺点是增加了企业的复杂程度，如双重预算授权、双重奖惩系统、权力共享、双重报告系统及多维沟通系统。不过这种结构的优越性也比较突出，如项目目标清晰，员工可看到自己的工作成果，取消项目相对容易，职能资源利于共享等。当企业的各种因素（如产品、用户、技术、地理、职能领域和产业等）的重要性都大致相同时，采用矩阵型组织结构将十分有效。

（六）修订奖励方法和激励计划

企业可以通过业绩奖、涨工资、公司股票期权、工资外补贴、提职、表扬、认同、批评、压力、增加工作自主性和荣誉奖励等方式，修订奖励方法和激励计划，从而对员工有效地实施企业战略产生激励作用。

有效的奖金制度的考核标准有很多，如销售、盈利、生产效率、产品质量与安全等指标。如果企业员工达到了当初约定的盈利目标，那么其应当分享收益。而要确定业绩奖计划是否有利于企业，可从以下几个方面进行提问式检验。

（1）计划是否引起了员工注意？人们是否更多地谈论他们的工作？对这一计划下工作的初步成功感到骄傲吗？

（2）计划是否被员工理解？员工是否弄清了计划要点？员工是否知道为了获得奖金需要做什么？

（3）计划是否能改进沟通？员工对企业使命、计划与目标是否比过去了解得更多？

（4）奖励是否已按计划实施？为了达到预定目标是否已采取了各种激励措施？若目标未能达到，是否取消了奖励？

（5）公司或单位的绩效是否更佳？利润增长了吗？市场份额提高了吗？收益是否部分地由激励措施所致？

这里我们可参考百度的做法。百度为提升基层员工的工作热情和创新精神，于 2010 年创立了“百度最高奖”，奖励对象为 10 人以下的小团队，金额高达百万元。这体现了百度对“小团队做出大事业”的互联网精神的鼓励，在正向激励员工的同时，也从人才层面保障了企业战略的有效实施。

（七）克服变革阻力

变革通常会使人产生忧虑，因为人们担心变革存在不确定性会导致经济损失及对社会模式的解构。几乎任何组织在组织结构、技术、人员或战略方面的变化，都可能打乱人们已经习惯的行为模式，因此变革往往遭遇抵制。

战略管理实施本身会推动个人和业务过程的变化，重新定位。但使人们从战略的角度思考和行动，并非一件容易的事。

变革阻力可以看作是对成功实施战略的最大威胁。阻力经常发生在企业中，其表现形式包括缺勤、匿名抱怨及不愿合作等多种。由于员工不理解正在发生什么及为什么要进行变革，他们常常阻碍战略实施，因此需要向员工提供正确的信息。成功的战略实施取决于管理者能否建立有助于变革的组织氛围，变革必须被管理者和员工视作机会，而不是威胁。

克服变革阻力通常有三种战略：一种是强制变革战略，即靠发出和强制执行指令而实施变革，其优点是见效快，缺点是低责任心和高阻力；另一种是教育变革战略，是通过沟通使人们理解变革的必要性，虽然这种战略可能实施得较为缓慢，但相比强制变革战略，它可以激发更强的责任感，引发的阻力也较少；第三种是理性或自利变革战略，即使人们确信变革会对他们个人有利。

理性变革战略是最有吸引力的战略，其实现应包括以下步骤：第一，邀请员工参与变革过程和具体的转变环节，使每个人都能表达观点，将自己视为变革的局中人，识别变革给自身带来的利益；第二，变革需要激励，自我利益就是最重要的一种激励；第三，为了使员工了解变革的目标，沟通十分必要；第四，发出和接受反馈，每个人都乐于知道事情的进展及取得的进步。

例如，随着近几年微博业务和移动互联网的快速发展，新浪也有意识地将自身的战略重心向二者转移，但受制于内部复杂的业务流程和权力分配。新浪微博并不像大多数互联网企业一样采用事业部制独立经营，而是采用销售与运营前后端分离的管理模式，这造成了每个事业部运营团队各自为政、产品运营在多个部门之间讨论与博弈的局面，一直难以形成相对独立、成熟的用户与盈利体系，而新浪在变革的过程中也认识到了这一弊端。为了推进微博业务的发展并使其独立上市，新浪于 2012 年底对企业的组织架构进行了调整——将原先与新浪网和微博事业部三足鼎立的无线事业部的产品和技术团队进行分拆，并入前两个事业部，最终形成了传统门户和微博两大业务体系并立的格局。

（八）培育支持战略的文化

战略制订者应当保留、重视和建设现有企业文化中那些支持新的经营战略的成分，而对现有文化与战略相抵触的方面要加以识别和改变。相关研究表明，新的经营战略往往由市场驱动，并受到竞争力量的支配。因此，改变企业文化使其适应新的战略，通常比改变经营战略使其适应现有文化更有效。

美国著名管理学家埃德加·沙因（Edgar H. Schein）指出，以下因素对于连接文化与战略最为有用。

（1）在招聘、选择和社交活动中，应用企业宗旨、章程、纲领和资料的正式陈述。

（2）企业空间布局、外观和建筑设计。

（3）深思熟虑的榜样示范，以及由企业领导进行的教育和培训。

（4）明确的奖励和级别制度及提升准则。

（5）与关键人物和事件有关的故事、传说、传奇与名言。

（6）领导关注、观测和控制的事情。

（7）领导对关键事件和组织危机的反应。

（8）组织设计和构造方式。

（9）组织系统和工作程序。

（10）组织人员的招聘、选用、提升、稳定、退休等方面的工作标准。

第二节 新媒体的内容管理

一、新媒体的内容获取

新媒体内容获取的途径主要有三个：媒体自制内容、内容交易、用户生产内容。

（一）媒体自制内容

媒体自制内容即由媒体安排专门的采编队伍，按照媒体自身的风格和需求去获取信息，制作内容。媒体自制内容一般会经历以下几个阶段。

（1）策划阶段。该阶段主要确定制作内容，解决要做什么的问题。媒体于此时会进行创意筛选、市场分析、用户分析等工作。

（2）准备阶段。该阶段旨在为内容采集和制作做好人力、物力、财力等方面的准备，并制订时间计划、人员计划、资金计划等各类计划。

（3）制作阶段。在此阶段，媒体需执行生产计划，运用各种数字技术和工具，进行内容的制作和编辑。

（4）后期阶段。在制作阶段，媒体完成的只是最终内容产品的一个雏形，而在此阶段，媒体会通过进一步的调整和测试，将内容变成可直接发布的最终成品。

在内容同质化竞争严重、内容版权费用持续上升的背景下，自制内容在新媒体内容管理中的地位不断提升。以视频网站为例，由于近年来影视剧版权费居高不下，许多视频网站改变了之前花费重金购买影视剧版权的战略，转而将成本低、独家播出、流量产出大的原创自制内容作为差异化的竞争点和盈利点，并对其加大了投入力度，这使得各类题材的网络自制节目于近几年实现了快速增长。

（二）内容交易

对于许多新媒体而言，一方面，并非所有的内容都可自制，如《互联网新闻信息服务管理规定》要求，针对时政类信息，包括有关政治、经济、军事、外交等社会公共事务的报道、评论，以及有关社会突发事件的报道、评论，我国商业网站不具备新闻信息采编权，不得登载自行采编的新闻信息，应当转载由中央新闻单位或省、自治区、直辖市直属新闻单位发布的新闻信息；另一方面，即使在可自行进行采编制作的领域，如娱乐、商业新闻或视频等，出于专业性、投入产出、自身条件等方面的考虑，新媒体也大多会从传统媒体、通讯社及其他内容提供商处以采购、合作等方式进行交易，获得优质内容。

1. 直接从内容提供商处购买内容

应用这一方式的主要有新浪、网易、搜狐、腾讯等门户网站，网站从报纸、杂志、电视等传统媒体和通讯社等内容提供商处采集新闻，并以广告分成（通常是刊登内容页的广告收入）、订阅费分成或是一次性协议支付等形式支付费用。

然而，由于缺乏有效的版权保护措施，加之在计算机爬虫程序等搜索引擎技术的推动下。新媒体可以自动从其他媒体页面抓取并整理信息（如Google、百度等搜索引擎从其他媒体处提取内容、聚合成的新闻频道），这使得在许多情况下传统媒体的内容是免费为新媒体所使用的。对此，传统媒体的态度主要有两种：一种是将新媒体视作导入用户流量、提升自身影响力的拓展性传播渠道，而默许新媒体的此种行为；另一种则认为新媒体侵犯了其合法权益，新媒体为用户提供的免费阅读方式对传统媒体的订阅、广告等商业运营带来了负面影响，从而对新媒体的侵权行为采取了相应的维权手段。如2012年，巴西报业联盟的154家新闻媒体因Google不愿对其内容付费，而宣布退出Google新闻，这些媒体占据了巴西报纸发行量的九成以上。

2. 从内容集成商处购买内容

随着内容生产门槛的降低及内容供应商数量的迅速增长，更多的情况下，新媒体不会费力、低效地逐一与每个内容供应商签订协议、购买内容，而是会选择一个中介去大规模购买内容，这个中介即内容集成商（内容交易平台）。内容集成商一方面负责把离散的各类内容通过版权合作、购买等方式汇集到一起，进行数字化转换、编目、存储、加工等一系列内容管理操作，并以有效的计费系统与各新媒体平台达成合作；另一方面也会将内容分发的结果、用户的需求反馈至内容提供商处，为其后续的内容生产提供参考。内容集成商的功能如图5-5所示。

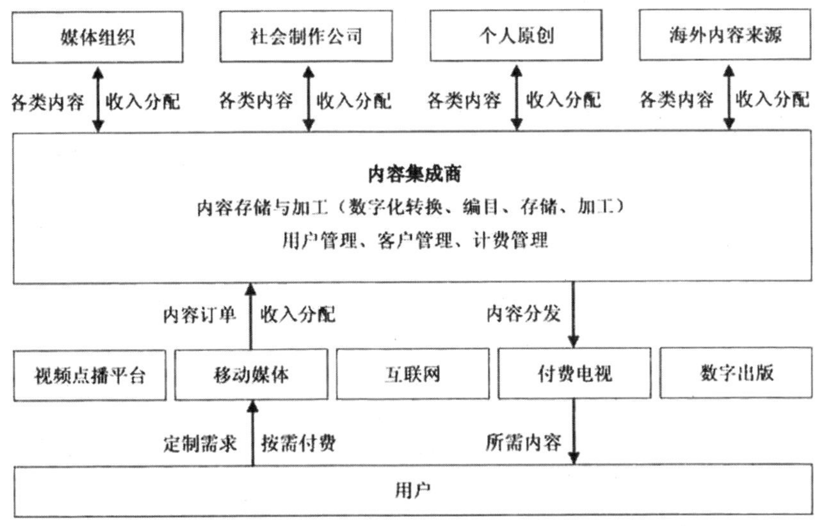

图5-5 内容集成商的功能

随着内容跨屏幕、跨网络、跨终端发布成为常态，新媒体对内容也有了相应的交易需求，但如今的内容集成商却不够成熟，其内容存储、评估、定价、支取等缺乏统一的交易标准。对此，有研究者提出了“内容银行”的设想。所谓内容银行，是指基于海量内容建立起来的开放式的内容交易和管理的系统平台，其核心功能是按统一交易标准进行内容交易。具体而言，它借鉴了银行对储户的管理模式。

第一，内容银行面向所有内容生产者，包括专业内容生产机构、小型内容工作室，甚至是个人。对于不同类型的内容生产者，内容银行采用不同方式引入内容，如针对电视台等专业机构，采用双方合作共同开发新节目等深层次的方式；针对个人，则为其提供内容展示平台，甚至将其推荐给制片方和企业等。

第二，内容银行具有统一的、被认可的交易标准。标准可以根据热度、题材、时长、导演、演员等多项指标综合确定，同时根据交易中的市场反馈及时调整。

第三，内容银行具有全新的管理体系，如设立中央机构制订价格政策、交易标准，配置内容监管委员会对内容银行的运营、政策等进行监督。传媒行业的探索也随之开展。如北京电视台旗下专门进行版权交易的京视传媒推出了全国电视节目版权交易电子商务平台，面向电视台、影视机构、传媒公司、商业网站等电视节目版权方（制作方、发行方）与购买方开展内容的集成、分发、定价与数据分析等工作。

3. 与内容提供商合作成立子公司

这是一种优势统合、资源共享、合作共赢的方式。如腾讯网与地方报业集团合作成立了一系列以“大”命名的地方站点，如腾讯·大渝网、腾讯·大秦网等。

（三）用户生产内容

1980 年，美国未来学家阿尔文·托夫勒（Alvin Toffler）在其《第三次浪潮》一书中提出了“产消者”（prosumer）这一新概念，预言生产者和消费者的界限将会逐渐模糊，二者将融合为一体。此预言在新媒体传播中逐渐被验证。得益于博客、播客、维客等 Web 2.0 技术的发展，新媒体开创了“所有人对所有人传播”的新型传播格局，这使得普通用户在被动接收信息之外，更可主动制作、发布和分享体验、感想、观点、知识、创意、作品等各方面的内容。于是，更多的用户成为“产消者”，用户生产内容（User Generated Content，UGC）也成了新媒体内容的主要来源。简单来说，用户以两种方式生产内容：第一，对已有内容以评论、转发等方式补充信息或线索，如用户在新闻专题或页面下添加的评论，可为媒体的后续新闻报道提供观点；第二，自行创建内容并主动传播，如用户在新浪微博、人人网、土豆网等平台参与热门话题的讨论，发布日志，上传视频等。

随着用户的主动性增强，用户生产内容日渐增多，其在新媒体内容中的占比和重要性也不断提升。这可以从腾讯网内容的结构变化中看出：2014 年来自新华网、人民网等传统媒体渠道的内容占腾讯网内容的比例约为 60%，而 2016 年这一数字下降了近 30 个百分点，下降的部分被来自于微博、微信等渠道的用户生产内容所替代。

二、新媒体的内容存储

获取内容之后，新媒体需要将之存入数据库系统中，以方便内容的检索和提取，这主要包括以下步骤。

（一）内容的数字化

内容在存储系统中以数字数据的形式存储，因而要先将非数字化的内容进行数字转化。随着数字化内容生产设备的普及，如今媒体获取的内容绝大多数都为数字内容。

（二）元数据的创建

元数据即为内容设定的“标签”，也是内容检索所提取的关键词，影响着内容管理整体业务的运转效率。然而，由于添加元数据的工作大多数情况下需要具有专业技能的人通过手工操作完成，加之不同的人对图片、音频、视频等内容有着不同的理解，所添加的标签可能出入较大，从而又需要专门的人员进行复查和管理，这均使得创建元数据成为一项费时、耗力的大工程。随着媒体内容的不断增多，许多新媒体对元数据管理的重视程度相应提升，在获取内容时便有意识地为之添加元数据。例如，以用户原创视频为核心内容的土豆网，即要求用户在上传内容时填写视频标题、视频简介、标签、视频分类和栏目等信息。

需要强调的是，元数据的设计和创作也要遵循行业公认的标准，以保证媒体内容能在不同的系统间顺利实现交换和共享。国际上通用的标准包括英国广播公司（BBC）媒体数据组开发的标准媒体交换框架（Standard Media Exchange Framework，SMEF）、电影与电视工程师协会SMPTE（Society of Motion Picture and Television Engineers）开发的元数据字典、由多个组织共同制定的都柏林核心元数据（Dublin Core Metadata Initiative，DCMI）、国际标准化组织（ISO）和国际电工委员会（IEC）共同成立的动态图像专家组（MPEG）提出的MPEG-7标准等，我国则通常采用国家广播电视总局制定的《广播电视音像资料编目规范》。

（三）附件数据的创建

如果说元数据是一篇文章的关键词，那么附件数据则有些类似于内容摘要，它是在元数据的基础上，对内容进一步细分，以减轻内容检索时内容管理系统的负担，提高内容检索的效率和精准度。附件数据的形式是多样的，例如，对于一个视频内容，附件数据可以是关键帧、重要镜头、有代表性的片段，也可以是字幕信息，或者其他任何与视频内容相关的信息。一般附件数据的创建，尤其是非文字的视频、音频等内容，大多需要由人工完成。

例如，根据《广播电视音像资料编目规范　第一部分：电视资料》相关内容，视频资料的元数据由上至下可分为节目层、片段层、场景层、镜头层四个层次，每个层次又分别包含相应的元素类，元素类下面则是各层对象的具体编目元数据项，具体见表5-1；而对其中一些关键信息的说明、标注就是附件数据。

表5-1　视频内容元数据的层次结构及元数据项

层次	元数据项
节目层	题名、主题、描述、创建者、其他责任者、出版者、版权、语种、日期、类型、格式、标识符、空间覆盖范围、来源、关联
片段层	题名、主题、描述、创建者、其他责任者、出版者、版权、语种、类型、格式、标识符、空间覆盖范围、来源、关联
场景层	题名、主题、描述、格式、关联
镜头层	题名、主题、描述、日期、格式、关联

（四）内容的归类

若要实现对内容高效、精确的检索，除了创建元数据和附件数据之外，还应对内容进行归类，分类依据可以是内容的生产者或生产单位、生产日期、形式、被使用的频率等。

三、新媒体的内容检索

内容检索是指从内容的存储系统中提取所需内容的操作，检索的主体可以是内容产品的生产者，也可以是用户。内容检索包括以下三个关键环节的设计。

（一）检索策略

检索策略是指系统所提供的检索方法，如在线论文系统提供依据题名、关键词、摘要、作者、作者单位、全文、主题、参考文献等的检索，又如视频网站可按时间、出产地区、题材类型等进行检索。

（二）检索结果的显示

内容检索的结果有时是很庞杂的，若能将之以有序、合理的方式展示在用户面前，则会大大提升内容检索的效率，令检索者快速找到符合其需求的内容。

（三）检索信息的记录

该环节有利于推测用户对内容的偏好，从而建立完善的用户信息数据库，以更好地为用户提供服务。

四、新媒体的内容加工

内容加工是指新媒体通过对各类内容资源进行加工，使之更能满足用户需求、提升传播效果、实现价值最大化的一种方式。它包含了两方面的操作：其一是内容编辑，这与传统媒体内容编辑一致，如对文字内容的增删、改写，对图片、音频、视频的简单调整等；其二是内容整合，如新闻网站的融合报道，其不仅仅是围绕着一个中心或主题对多种表现形式、多个来源渠道的信息资源进行组合或堆砌，而是在媒体组织结构和内容生产流程变革的基础上，以新媒体为核心平台，根据内容信息的时间或空间特点，选取最合适的媒介手段，融合使用多种形态的展现形式。

新媒体的内容加工通常会通过以下三种途径实现。

（一）人工聚合

人工聚合是由媒体内部的工作人员根据运作流程和编辑方针，对数据库中的海量内容进行筛选和提取，然后采用一定的策划和编排手段（如制作专题等），并借助一定的技术手段以多媒体的形式加以整合，最终呈献给用户的过程。这是新媒体内容加工的主要方式。

这里我们以门户网站的新闻加工、聚合实践为例加以说明。门户网站依托于网络，具有可融合文字、图片、音视频等多种形式的信息于一体的传播优势及超链接的数字技术，相较于传统媒体单一形式的新闻报道，门户网站编辑有意识地对其新闻内容进行层次化的加工、专题化的组织、多媒体的整合及动态化的报道，从而生成了集合多种信息形态且与网络互动性相配合，更能满足用户信息需求的多媒体新闻。通常，门户网站对新闻按以下两种方式加以聚合。

（1）编辑层面的多媒体新闻，即编辑根据现有的素材，将各种有关联的多媒体稿件结合在一起，力求让报道更加丰满与立体，这是门户网站最常使用的聚合方式。

（2）报道全过程的多媒体新闻，这包括多个环节的统筹与配合，如在报道策划阶段，采编人员就充分考虑到如何围绕新闻主题来组织不同的报道手段；在采访阶段，记者运用多种媒体手段、依据整体构思来采集素材；在编辑阶段，编辑根据每一种媒体手段的特点将各种素材有机地结合，最终用高度集成的界面将其呈现出来。

（二）数据库构建内容

数据库构建内容是指新媒体通过构建数据库，梳理出各数据指标之间和不同数据库结构之间的关联，从而将原本零散而没有关联的内容信息加以整合的模式。相较于人工聚合模式，数据库构建内容本身并没有什么创新，但是由于其基于数据挖掘可展示更多、更全面的信息，因而往往能生产出更符合用户需求的内容。

这方面典型的有数据新闻或数据驱动新闻，它包括四个运作步骤：第一，基于大样本量，反复抓取、筛选和重组来深度挖掘数据；第二，采用科学的分析方法，从破碎的信息中发现规律和趋势，并聚焦专门信息以过滤数据；第三，以丰富、具有互动性的可视化方式呈现数据，此时文字只起到辅助说明的作用；第四，将数据转化、整合成新闻故事。例如，英国《卫报》数据博客于2011年对英国伦敦暴乱事件的报道。该报道包括以下几个部分。第一，报道团队使用简单的地图，将贫困人口数据与发生暴动的地点结合在一起，驳斥了当时英国政界“暴乱与贫困没有关系”的判断。第二，在解读暴乱时，报道团队制作了两个可视化作品：第一个作品是一段视频，将暴乱发生地和参与者的家庭住址相结合，根据数据分析出暴乱是存在“通勤路线”的，并建模模拟出暴乱参与者到不同地点实施趁火打劫时最有可能经过的路线；第二个作品涉及谣言在Twitter上的传播路径，报道团队通过与曼彻斯特大学的学术小组开展合作，提取Twitter上涉及暴乱的260万条信息，将之以重复谣言者（发表声明）、抗拒者（提出针锋相对的言论）、质疑者（提出疑问）、评论者（只点评）四个维度进行编码，并将分析结果可视化，据此揭示了谣言传播的本质及谣言的生命周期随时间变化的方式。

国内这方面的实践以2014年春运期间百度推出的“百度地图春节人口迁徙大数据”（以下简称“百度迁徙”）为代表。百度利用大数据技术，以区域和时间两个维度对其拥有的用户位置信息进行计算和分析，并通过可视化方式加以呈现。在功能方面，“百度迁徙”既直观地展现了全国迁徙的区域带和热门线路等春运最新动态，也为用户提供了迁入迁出和热省分析、选定城市分析、时间维度分析等个性化服务。

（三）用户协同创作

随着用户生产内容的主动性不断增强，许多新媒体因势利导，创造了与用户协同创作内容的运作模式。相较于前两种模式，用户协同创作模式由于发动了来自广大用户的力量，不仅为媒体内容注入新鲜素材，更为内容整合贡献力量，从而弥补了媒体自身在内容采集、筛选、编排、创意等方面存在的短板，生产出更多创新的、满足用户需求的内容。如掘客网（digg.com）就是让用户提供他们认为有用、有趣或值得参考的各种新闻与信息，然后由其他用户来判断该文章是否有用，并鼓励他们对这些信息进行投票，以投票率高低来确定这些信息的重要性顺序，再从中挑选出投放于网站首页的头条新闻。

五、新媒体的内容分发

内容分发即通过一定的方式将加工好的内容提供给用户的过程，在该环节中，新媒体需进行渠道选择、内容定价、版权管理等方面的工作。

（一）渠道选择

在选择内容分发的渠道时，新媒体会考虑以下几个因素。

第一，内容的时效性。不同内容随时间的流逝，其价值也会不同程度地递减，因此新媒体要根据内容对时效性的要求对分发渠道进行差异化选择，如对时效性很强的新闻类信息，可在互联网发布之外借助移动客户端、微信、微博等渠道推送，使用户在第一时间获知信息；而对于时效性略差的资讯类信息，如时尚、生活等，仅在互联网平台上发布即可。

第二，用户的媒介使用习惯，这是指新媒体目标用户群体对信息终端的接触特征及在不同终端上的内容接收行为。例如，随着近年来移动互联网及智能手机的快速普及，许多年轻用户更青睐通过移动终端随时随地获得最新的新闻和资讯。对此，网易、新浪、腾讯等网站纷纷推出自己的移动新闻客户端，以抢占移动用户市场。网易不仅在其客户端中加入了“跟帖”功能，还在内容生产上与东方网、大河网、青岛新闻网等地方网站展开合作；新浪新闻客户端则以“用户个性化推荐阅读”为亮点，并打通多个社交平台和自媒体平台以供用户随时分享信息。

第三，渠道的盈利水平，即在何种渠道上发布内容会给新媒体组织带来更理想的收益。

（二）内容定价

长期以来媒体多采用“二次售卖”的盈利模式，即通过提供免费的内容和信息服务来集聚用户规模和流量，再将用户的注意力资源出售给广告客户，以换取广告收入。在这种模式中，定价的标准是用户点击、用户流量、用户行为等。而如果希望将内容直接售卖给用户，定价策略则完全不同，主要有以下几种。

1. 多复位价

多复位价是指生产商对同一产品通过不同角度进行分割或组合，赋予其不同的价格，从而实现市场细分。各种类型的用户群体对内容的需求和使用方式有很大的不同，媒体会据此制订差异化的价格体系，以促使各类用户尽可能多地购买内容产品，达到增加利润的目的。

多复位价可分为个人化定价、版本定价和群体定价三个类型，具体见表 5-2。

表 5-2 多复位价的类型

类型	分类依据	收费方式
个人化定价	用户个体对数字内容需求的不同	根据用户的不同特征（如兴趣、价值取向、购买行为）及其对内容的价值认同制订不同的价格
版本定价	数字内容的质量差异	基于功能：通过减少内容产品的某些功能实现产品在质量方面的差别化，如软件的试用版与正式版 基于性能：内容产品的所有功能都得以保留，且不同版本的性能将受到不同程度的限制，如将在线视频分为标清、高清和超清 基于时间：主要针对生命周期较长、时间敏感性较弱的产品，如视频网站对热映的电影要求付费观看，而当其在院线下线一段时间后，则提供免费观看
群体定价	用户群的消费习惯和能力不同	在不同地区制订不同的销售价格，如对经济不发达地区实行价格优惠

2. 捆绑定价

捆绑定价是指将不同的内容产品捆绑在一起以低于单价总和的价格进行销售，该定价方式的优势在于不仅照顾到了有些用户希望统一支付的意愿，还降低了新媒体记录用户消费行为和用户资料的成本，有利于其更好地开发捆绑销售策略。

捆绑定价可从产品、时间、用户三个层面进行。其中，产品层面定价应用最广，即新媒体允许用户在内容产品库中自由选择捆绑组合并进行一次性支付；时间层面定价则以“订阅”为代表，如用户成为视频网站的会员，按月缴纳一定费用，即可在该段时间内免费、不限次数地观看一些付费内容；用户层面定价相当于在新媒体组织和用户之间再增加一个中介，由用户所在组织购买新媒体产品的使用许可，得到授权的用户可以使用产品，该类定价方式常被学术期刊网、论文库或数字图书馆采用。

3. 混合定价

在实践中，以视频网站、在线阅读网站、新闻网站等为代表的许多新媒体组织也采用混合定价的方式，即在同一时间既对同一内容产品（如一集影视剧、一部小说、某篇新闻报道）进行拆分和多复位价，同时也提供捆绑定价的方式，允许用户以成为“会员”的方式在特定时间内多次查看付费内容。

（三）版权管理

网络技术和电子商务的发展使得新媒体内容的电子发行更加便捷且成本低廉，但若缺乏对版权（权利人对其创作的文学、科学和艺术作品所享有的独占权）行之有效的保护，内容生产者和所有者在内容交易市场的安全性和相关利益将得不到保障，这无疑会损害内容生产者的积极性，进而影响新媒体的内容获取及竞争优势。因而，版权管理及保护也被许多新媒体纳入其内容管理的一个重要环节。

版权管理主要包括以下几个部分。

1. 数字版权管理

数字版权管理（Digital Rights Management，DRM）就是以一定的计算方法、技术和工具，防止数字内容和相关文档的非法复制，用户必须得到授权后才能使用数字内容，从而实现对数字内容的保护。

数字版权管理涉及的主要技术包括以下几种。

（1）数据加密。采用数学模型对原始信息进行再加工，将敏感的明文数据变换成难以识别的密文数据，使用者必须获得密码及使用权限才能得到正确的原始信息。

（2）数字水印。在基本不损害原作品质量的前提下，把作者、发行商的信息和使用条款嵌入到数据中，以此给数字内容产品打上使用者独有的印记，从而既防止使用者非法传播和复制内容，也可用于发现盗版行为之后的取证或追踪。

（3）节点锁定。将数字作品可以合法使用的条款和场所进行编码并嵌入到文件中，只有当条件满足时，作品才被允许使用。

2. 著作权集体管理

随着网络传播技术的发展，内容提供商的数量大幅增加，这使得著作权授权也更加分散，从而为新媒体的版权管理带来挑战。另外，数字版权保护技术的成本较高，将版权作品交给一个中介机构进行集体管理，对于媒体和内容提供者而言都是更为经济的选择。这些均推动了著作权集体管理的发展。

根据世界知识产权组织（World Intellectual Property Organization，WIPO）的界定，著作权集体管理是在集体管理的框架下，权利人授权集体管理组织管理其权利，即监督相关作品的使用，与潜在的使用者谈判，在合适的情况下发放许可，收取合适的许可费，并向权利人分配许可费。具体而言，著作权集体管理包括四个基本环节：接收版权人授权（内容所有者在进行授权的同时，将通过电子认证的方法，使作品获得一个与之对应的著作权登记证书，以此来明确数字作品的权利归属问题）、管理版权作品、发放使用许可、分配使用费。

3. 知识共享

与前两种版权管理方式不同，知识共享以构建一个合理、灵活的著作权体系为特征，通过设计一系列许可协议，在作者保留某些权利的情况下，允许他人对作品在特定条件下进行自由复制或修改，从而达到增加网络领域的创造性公共资源、方便作品传播和促进著作权保护等目的。

以 2002 年 12 月知识共享组织（Creative Commons，CC）发布的著作权许可协议为例，根据该协议，授权内容包括四个要素：署名、非商业性使用、相同方式共享、不得演绎创作。在使用该协议时，内容所有者需在作品旁边加上申明保留权利程度的图标，并把图标链接到知识共享组织的相关页面，这样就表明其作品使用了该许可协议及对使用者的授权内容。

六、新媒体内容管理系统

新媒体内容管理系统是一种位于Web前端（Web服务器）和后端办公系统或流程（内容获取、存储、检索、加工、分发）的软件系统，借助数据库技术、网络技术、存储技术，帮助新媒体组织优化内容管理流程、提升内容管理效率。

（一）新媒体内容管理系统的要求

一般而言，新媒体内容管理系统应符合以下要求。

1. 系统的标准化

为了方便新媒体内部的内容流通及不同新媒体组织之间的内容交换，新媒体内容管理系统需要建立统一的内容标准，包括内容的分类、元数据的采集、附件数据的提取等。

2. 足够的扩展性

一方面，随着时间的推移，用户的需求会发生变化；另一方面，技术的发展也会催生新的内容形态，改进内容获取、生产、加工等手段。新媒体在建设内容管理系统时应将此种变化考虑在内，并使之具有足够的扩展性。这样，在变化发生时新媒体就无须推翻原有的系统，只需对其适当改造、升级，从而减少重复建设的投入。

3. 良好的可伸缩性

新媒体每天都会获取来自各种渠道的大量信息内容，相应地，内容管理系统也应具备海量的存储空间。但是，在系统建设初期就预存足够的空间是不经济且不现实的，这就要求系统应具备良好的可伸缩性，兼容各种存储方式。

4. 安全性

为了保障新媒体内容管理工作的稳定开展，新媒体内容管理系统应有防止黑客入侵、系统备份以防止系统可能出现的漏洞、系统访问权限等安全性功能。

（二）新媒体内容管理系统的架构

一般而言，新媒体内容管理系统会在架构上对内容管理的获取、存储、检索、加工、发布等环节均有涉及。例如，北京捷成世纪科技股份有限公司为优酷网搭建的内容生产管理系统，就包括内容汇聚、素材管理、编辑、审核、转码、内容包管理和发布管理七个模块，它承担了优酷网大部分视频内容的生产及版权管理任务。如图 5-6 所示的优酷网内容生产管理系统架构。

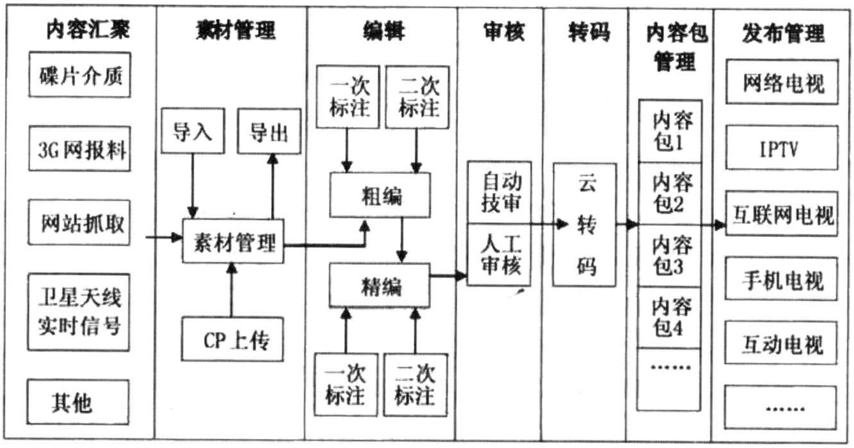

图 5-6 优酷网内容生产管理系统架构

第三节 新媒体的营销管理

一、新媒体营销的规则和模型

近年来，奥美、电通等国际广告公司和菲利普·科特勒（Philip Kotler）等营销学者在研究实践中提出了不少关于新媒体营销的新规则和新模型，如面向“生活者”的营销、3I模型、数字营销的十二项新规则、SIPS、Cross Switch跨界沟通等，为企业和媒体进行营销提供了重要的指引。

（一）面向“生活者”的营销

“世间本无消费者，有的只是用心生活的人！”对营销对象的此种理解得到了越来越广泛的认同。

如果把人看作消费者，营销者面对的就是按社会人口统计指标、消费行为、消费心理等加以细分的一群人，他们和营销者难以产生除交易之外的更多关联；如果把人看作生活者，那么企业面对的则是渴望关怀、期待支持、希望交流的情感丰富的朋友、伙伴或邻居，除了交易，二者还会产生情感，结下友谊，彼此关注，相互支持。

如果将上述的观点细化，则可表现为以下几点：

（1）在内涵上，生活者的视角关注“充满情感的人生体验”，而消费者的视角关注“购买”“使用”“持有”和“处理”；

（2）在传播方式上，生活者的视角重点是在尊重和平等基础上的倾听、沟通和支持，而消费者视角则侧重单向的告知、提示与说服；

（3）在品牌活动执行中，生活者视角以价值的创造和情感的交流为重心，而消费者视角则以产品或服务的推广与售卖为重心；

（4）在品牌活动目的上，生活者视角希望营销者和生活者彼此成为生活中可信赖的伙伴，而消费者视角则期待产品或服务更多地被购买和使用。

综上所述，生活者视角的营销活动是要营销者以尊重的态度，通过对话和关系构建来促进人们对企业的认知、认同和认可：认知——生活者视角的营销活动能帮助企业在人们心中构建积极的品牌联想；认同——生活者视角的营销活动能通过信息传播彰显企业的价值观、时代精神和人文关怀，从而引发人们的共鸣；认可——生活者视角的营销活动能有效捆绑政府、媒体、投资者及公众对企业的信任，只要信任关系建立，企业就会获得来自方方面面的支持，即使遭遇危机，也可能因这份信任获得谅解甚至发展的机遇。

观念一旦转化，营销者需要做的就是持续、细致地洞察生活者的心灵，了解并管理新媒体时代生活者的信息接触点，然后结合新的传播格局、新的传播语境、新的传播语法，与生活者分享和共创品牌价值。

（二）3I模型

在不断变化的商业环境中，消费者的消费理念、消费行为也发生了剧变：其一，消费者对企业的信任度下降，但是对社交媒体上其他消费者甚至是陌生人的信任度却大幅提升，这使得企业传统的广告、公关等营销传播方式收效甚微；其二，依托新科技带来的表达、参与、协同创作等技术，消费者参与商业活动的主动性增强；其三，伴随着社会问题的加剧，消费者为了消除内在的焦虑和不安，更加亲近、支持那些能为他们提供生活指引、情感沟通、价值观重塑的个人和组织。

在此种背景下，菲利普·科特勒等人认为，市场已经进入到营销5.0时代。此时，营销者应关注消费者的精神层面，将其视作具有思想、心灵、精神的完整个体，通过塑造合作型、文化型、人文精神型品牌来引起消费者共鸣，从而建立与他们的情感联系、赢得他们对品牌的忠诚。基于此，菲利普·科特勒等人提出了营销的“3I模型”，如图 5-7 所示。

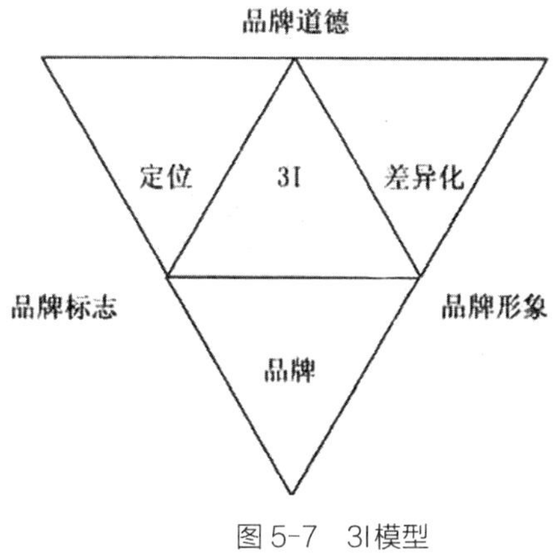

图 5-7 3I模型

在战略层面，营销应该重新定义为由品牌、定位和差异化构成的等边三角形。营销应以塑造品牌为根本目的，但品牌塑造不能只强调定位（宣传品牌主张），因为这虽然会让消费者记住品牌，却不能引起他们心灵上的共鸣，若要达到后一目的，还需要塑造品牌的差异化特征，保证向消费者提供自身承诺的服务，提高消费者对产品的满意度，获得其认同、认可。只有在差异化和定位一起发挥作用时，才能构建出一个真实可信、为消费者认可的品牌。

在战术层面，营销应以品牌标志（brand identity）、品牌道德（brand integrity）、品牌形象（brand image）这“3I”要素作为支撑，并与消费者的思想、心灵、情感形成关联。其中，品牌标志是指让消费者注意到品牌的方式，它强调要把品牌定位到消费者的思想中，这种定位既应是新颖、独特的，同时还应与消费者的需求和期望一致；品牌道德是指营销者需贯彻其在品牌定位和差异化过程中提出的主张，实现企业自身的承诺，从而达到获得消费者精神认同的目的；品牌形象是指与消费者形成强烈的情感共鸣，企业的品牌价值应对消费者的情感需求形成吸引力，而非仅仅满足产品基本使用功能。

（三）数字营销的十二项新规则

奥美互动亚太区总裁肯特·沃泰姆（Kent Wertime）在他与伊恩·芬威克（Ian Fenwick）教授合著的《奥美的数字营销观点：新媒体与数字营销指南》一

书中，提出了数字营销的十二项关键转变与新规则，具体见表 5-3。

表 5-3　数字营销的关键转变与新规则

序号	传统营销	数字营销
1	消费者为旁观者	消费者为参与者
2	印象/频率	涉入/互动
3	大众媒体	可寻址媒体
4	固定行程导向	时间转移导向，发生在任何时刻
5	营销人领导	消费者驱使
6	推式营销	消费者自主意愿营销
7	传统媒体计划	新媒体计划
8	公关操作	数字影响力
9	整合营销	统合营销
10	有时候得到数据	随时得到数据
11	活动事后评估	实时测量
12	部分投资报酬率	营销优化

进入数字时代以后，消费者不再是温顺的媒体目标或旁观者，而是积极的创意者、贡献者和评论者。正是因为消费者的参与度越来越高，营销必须将工作的重心从提高曝光量转移到创造消费者持续的参与感上来，鼓励他们参与其中、主动响应并相互交流。

因为数字媒体的存在，营销者可以分别和每个用户展开对话沟通，同时必须学会判断什么样的数字渠道组合才能迎合营销的需求。

消费者在使用媒体时，有时间、空间、规模、格式和自我创造的自由，营销者必须精通如何创作出消费者真正想要的内容，以便参与者能产生持续的兴趣，而不是单纯地通过购买媒体来传播大众信息；营销者必须推出鼓励消费者参与贡献的策略，并给出个性化的创意素材，由消费者创造和品牌有关联的内容。

媒体渠道的激增、信息的爆炸式增长给消费者带来接收和选择的压力，消费者通常不喜欢被动接收信息和没有选择余地的单向关系。营销者和参与者的信息传递只能建立在自愿的基础上，并且依据每个参与者的喜好而调整。随着数字世界的进化，营销者会发现自己的工作就是为消费者搭建互动的平台。

媒体和创意在数字渠道中密不可分，过去那种将两者分离的想法在数字时代已不再可行。消费者自发性的主动搜索是一股正在成长的主流力量，这些搜索表达的意向为营销者提供了更多消费者兴趣和倾向方面的信息，营销者需专注于如何将消费者的意图转变为持续不断的对话。

如今的消费者不再追随权威，他们更愿意从一大群同类中找出看似公正的意见（日本电通集团将这类人称为“解读空气的人”），信息民主化意味着消费者的个人意见将不再被传统新闻媒体束缚。在消费者比公司反应更迅速的数字世界里，营销者必须成为公众讨论中的重要参与者，运用各种可能的数字工具去影响而非支配话题的方向。

消费者更在意自己的个人信息、喜好与需求是否被营销者察觉，这就需要用统合营销的方式关注消费者体验的连续性，消费个体数据的运用将使营销者和顾客间产生持续的对话。

面对快速变化的消费者，运用消费数据建立一个循环学习消费者的模型非常重要。由于数据的空前丰富和重要，营销者需要一个能将数据转化成可用信息的明确计划，这将是数字营销的核心，可对消费者的心理与行为作出更仔细的刻画。

以历史资料为决策基础的“后视镜”营销是不够的，实时优化成为营销的标准已是无法避免的趋势。营销人员应采用实时的数据分析，以事实为导向，对数字营销活动作出迅速、连续的修正。

数字营销是一种更可靠且更具可测性的营销模式，营销者能不断将营销优化，并剔除迟缓和没效率的部分。营销优化可发生在数字营销的各个角落，如创意作品、信息传播、搜索引擎的使用、网站架构、渠道选择，以及营销活动的绩效。

（四）SIPS模型和Cross Switch模型

SIPS（Sympathize，共鸣；Identify，确认；Participate，参与；Share&.Spread，共享与扩散）模型是日本电通集团（以下简称电通）于2011年发布的数字时代消费行为的分析工具，该模型是电通集团对2005年提出的AISAS模型的延伸，深入解剖了数字平台消费者通过“Search—Action—Share”三个环节形成口碑的内在规律。其前提判断是，数字营销策划的本质是要运用策略让消费意向趋同的人聚合在特定的信息平台，以形成消费者和品牌的对话。其中，找到推进消费者和品牌对话的信息起点是首要环节。

SIPS模型认为，人们需要对企业在社会中发出的各种信息及生活者发布的与企业相关的信息产生共鸣，并在确认哪些信息对自己有益之后，才会以一般参与、成为粉丝、变成忠诚顾客甚至狂热信奉者的方式参与到企业的营销传播之中。在参与的过程中及结束后，人们又会在基于新媒体平台彼此连接的关系网络中共享和扩散情绪、评论、体验等信息，这又会支持第一个环节——共鸣的达成。

电通为日本九州岛新干线开通运营所创作的广告即体现了这一模型的运作手法。九州岛是日本开发较晚的地区，在日本有“没有新干线就没有现代化”的说法，但直到21世纪初，整个九州岛地区都没有建成一条完整的铁路线路，而把新干线修到家门口是所有九州岛人民的愿望。在经历了38年的建设后，号称日本铁路史上修建时间最长的九州岛新干线终于在2011年建成通车。为了传播这一成果，并在九州岛掀起新干线热，在通车前，九州岛铁路公司将为九州岛新干线运营创作广告这一任务交给了电通。

电通进行了消费洞察，认为在生活节奏快、互联网高速发展的今天，人与人之间缺少真正的联系，因而将创意设定为“让新干线像彩虹一样，连接起我们身边的每一个人”。在执行方面，电通希望在九州岛新干线试运行列车上拍摄沿线居民的“人浪祝贺”广告片，这些参与活动的居民由电通提前通过媒体发布信息进行募集，拍摄日期也一并提前通知。在拍摄当天，沿线参加活动的居民人数超出预想，上万人自愿参加了这个活动，把自己的挥手人浪传播到了日本各地。广告很顺利地拍摄完成，创造了让全日本人都感动的250公里的波浪舞！

虽然因为2011年3月11日日本大地震的原因，这个发布于3月10日的广告仅在关东地区的电视上播放了4次就被要求停止播放，但是被上传到视频网站YouTube后，广告片因“很让人振奋的广告”“这就是当今日本所需要的广告”等评论而被广泛地分享和扩散开来，点击量达到了250万以上，抚慰了很多由于大地震而受到冲击的日本国民的内心。

Cross Switch（克洛斯维奇）是电通于2011年发布的新媒体时代跨媒体沟通模型。在消费者被新媒体时代的海量信息压迫得喘不过气的背景下，他们会给自己设定一个阻隔信息的屏障——与其信息太多选择不过来，还不如不去选择。于是，向消费者单向轰炸的营销传播模式的效果受到越来越多的质疑，将各具优势的媒体整合融通，引导消费者从自设的屏障中走出来，主动地获取信息的跨媒体沟通则被证明更加有效。

跨媒体沟通是一种把消费者的媒介“接触点”有效结合起来，创造机制引导消费者自主获取信息，然后加以行动的策划手法。跨媒体沟通的运作有四个重要特点：第一，对消费者和媒体重新洞察；第二，同时考虑信息传播的“广度”和“深度”；第三，设计“导线”诱导消费者自主获取信息并产生行动（参与、购买、分享等）；第四，有效地将各媒介“接触点”融入设计的“导线”之中。

这一方法与之前侧重将既定广告预算进行多媒体分配的多媒体传播有着质的区别，跨媒体沟通更注重信息的“吸引”而非单方向的“轰炸”。跨媒体沟通会设计一条媒介“接触点”线路，引导消费者按着这条线路一直走向沟通的目的地，而非简单地网罗各类媒体；跨媒体沟通有一个核心的创意贯穿媒介“接触点”线路的始终，而非同一信息的枯燥重复；跨媒体沟通希望通过“导线”设计为消费者带来积极的品牌体验，而非仅仅信息层面的传递。在实施上，跨媒体沟通的策划分为以下几个步骤：洞察以拟订策略；设计核心创意；实施传播脚本的设计；以脚本为脉络根据不同“接触点”的特点进行创意实施；构架设计；评估、检验及反馈。

二、面向营销的管理

为了更好地服务于企业的营销活动，以及更好地应对来自同类媒体和其他类型媒体的竞争，新媒体组织不断优化自身的营销管理理念，并在这些理念的指引下调整组织结构、合理配置人员、创新营销产品和经营模式、再造业务流程。笔者选取了分别代表门户网站和搜索引擎网站的网易和百度为例，具体描述了新媒体组织是如何对自己的营销业务进行管理的。

（一）门户网站

门户网站是指通向某类综合性互联网信息资源并提供有关信息服务的应用系统。最初的门户网站以提供搜索引擎和网络接入服务为主要业务，后来出于盈利和扩展用户规模的需要，门户网站逐渐转变了自身定位，拓展了新的业务类型，发展为提供新闻、搜索引擎、聊天室、邮箱、影音资讯、电子商务、网络社区、网络游戏等在内的多种服务。目前我国的门户网站主要以新浪、搜狐、网易和腾讯为代表。

1. 门户网站的营销理念

经过多年的实践和学习，门户网站不仅对多种营销理论和方法有了更深入的认知，而且在借鉴和摸索中创造出了许多新的营销产品和营销手段，更有一些行业的领先者已经形成了自己独特的营销理念和营销体系，例如，新浪根据“介质+方法=效果”的判断提出了IMPACT理念；网易聚焦精准性、目标性、连续性、有效性和回报性提出了POWER理念；腾讯提出了更加注重人、关系和数据的MIND理念；搜狐以“最大化整合营销”为核心提出了MATRIX理念，具体见表5-4。

表5-4　几家网络媒体的营销理念

媒体名称	营销理念	解释
新浪	IMPACT	介质+方法=效果。以“选择决定营销效果”作为理念的核心，从方法和介质两个层面，对互动（Interactive）、用户黏性（Magnetism）、聚合力（Popularity）、公信力（Authoritative）、创意（Creative）和精准性（Target）六个网络营销要素进行科学评估选择，企业在网络推广中可根据以上六个维度，衡量媒体价值及营销策略的合理性
网易	POWER	从精准性、目标性、连续性、有效性、回报性五个方面着手。P（Precision）代表精准选择目标用户，O（Objective）代表清晰锁定营销目标，W（Wehlink）代表创意整合媒介资源，E（Effective）代表提供高效解决方案，R（ROI）代表充实的考核标准

续表

媒体名称	营销理念	解释
腾讯	MIND	关注人及人背后的数据与需求，通过腾讯的用户平台、关系链及营销工具为客户提供社会化营销方案。M（Measurabilitya）：用可衡的效果来体现在线营销的有效性、可持续性及科学性。I（Interactive Experienre）：用互动式的模式来提供高质量的创新体验和妙趣横生的网络生活感受。N（Navigation）：用精确化的导航来保障目标用户的精准选择和在线营销体验的效果。D（ Differentiation）：用差异化的定位来创造在线营销的不同，满足客户独特的需求
搜狐	MATRIX	以“最大化整合营销”为核心理念，以精准营销（Accuracy）、多触点营销（Touch-points）、互动口碑营销（Interactive）及媒体影响力营销（Responsibility）为手段，以实现消费人群从线上到线下、从消费决策到体验分享等各个阶段的连续循环为目的的营销

资料来源：根据综合资料整理

2. 门户网站的营销产品

门户网站的营销产品以品牌展示类广告为主，主要经营图片类、文字链类、视频类和富媒体类广告。此外，各门户网站也结合自身的网站业务特征和媒体资源特色，对其他网络营销产品有所涉及，如搜狐在开发搜索引擎——“搜狗”后，即开始运营搜索引擎广告；网易结合自身的电子邮箱、网络游戏两大优势服务，进入邮箱营销、游戏植入式营销等领域；而腾讯、新浪则借助其在社交平台上的优势展开相应的营销活动。

3. 门户网站的营销管理

本部分以网易为例，剖析门户网站营销管理的方法与策略。

网易创立于 1997 年 6 月，于 1998 年起相继推出免费信箱、免费主页、中文全文检索、无限容量的免费网络相册、电子贺卡、网络虚拟社区、网络拍卖平台、国产网络游戏等多款产品和服务。自平台上线伊始，网易便开始经营一些形式简单的网络广告（以旗帜类广告和图片类广告为主），自 2003 年起，随着网络技术的发展及其自身对广告经营的高度重视，网易的广告形式更加丰富，富媒体广告、大浮层广告、游戏植入、邮箱营销等均有涉及。为了提升对广告客户的回报、吸引广告客户的合作，其广告计费方式也有所变革，逐步引入CPD（按日计费）的方式，并对CPM（按展示计费）捆绑更多的数据监测技术，使得广告投放和计费更加精准。

2016年第四季度，网易的广告收入为6.65亿元，同比增长9.2%。具体而言，网易在营销的运营管理方面采用了以下的方法和策略。

（1）部门设置。网易的各广告业务相关部门隶属于各类产品的事业部，其门户事业部下设五大部门——网站部、市场部、销售一部、销售二部和销售运营部，其中，网站部主要负责门户网站的内容制作；市场部主要负责门户网站的平台推广、市场开发；销售一部、销售二部主要负责网络广告的整体运作，按行业进行业务划分，销售二部主要面向汽车和游戏两个行业，销售一部则负责接洽除汽车和游戏之外的其他行业的企业，其工作内容主要是向客户销售广告，有时也会负责某些行业广告内容的编辑；销售运营部负责后台的一切工作，包括为客户提供广告营销方案的包装、广告创意的制作与投放、广告排期的制作与预订、市场数据的研究等。网易整个门户事业部的工作人员总数约为1 000—1 500人，销售一部、销售二部及销售运营部大概有300名员工，分布在北京、上海、广州三个主要区域。

（2）业务流程。当面对一个新客户时，网易的营销团队会采用以下流程进行运作。

首先，判断客户的区域归属和行业归属。判断结果形成之后，会由相应区域负责相应行业的销售团队来跟进客户。

其次，了解客户需求。销售团队在同客户接洽时，会进一步明确客户的广告投放需求。如果客户需求比较简单，例如，客户已有成熟的广告文案，仅是进行简单的媒体资源购买，销售团队就会整理客户对广告投放位置、时间、形式、渠道等方面的需求，形成广告投放方案。如果客户需求复杂，例如，需要在网易平台上针对其想要覆盖的目标人群，投放一些形式复杂、互动性强的广告（如游戏植入、制作迷你网站等），且没有成熟的广告文案，这时网易的策划团队就会加入到销售过程中，由策划人员结合客户的需求和公司的资源制订广告投放方案，然后与销售人员一同与客户洽谈、确定。

再次，广告排期和投放。销售团队在做好广告投放方案后，会交给销售支持团队，在公司的系统内预订、协调相应的媒体资源，制作广告排期，安排广告投放。

最后，数据监测和效果评估。在广告投放后，网易会依据自身的数据监测体系给客户提供效果评估报告，内容包括广告的曝光率、点击率、带来的用户注册数等。

（3）竞争策略。在面临来自其他网络媒体的竞争时，门户网站主要的竞争策略有以下几种。

第一，塑造门户网站整体的品牌形象，提升客户对门户网站的品牌感知与认可。例如，网易采取了以下举措：凝练媒体的核心特征，网易对用户和客户主要强调其信息内容方面的优势，即做“有态度的门户”和“不跟帖的新闻”；成立专门的市场部门——门户市场部和企业市场部，加大对网易门户网站和网易企业（既包括网易其他产品，也包括公司品牌）的市场推广和品牌构建力度。

第二，积极研发新产品，依托产品导入用户流量，开发广告投放渠道，吸引客户进行广告投放。如新浪主推微博，搜狐积极打造视频平台，网易则围绕其网易邮箱、网易社区、有道搜索、游戏和无线业务等产品拓展广告投放。以邮箱为例，网易邮箱的营销模式包括硬广告投放（包括图形类广告和邮件列表上的文字链广告两类）、与客户深度合作（如邮箱积分换购奖品、推出印有客户广告的系列邮票等）、DM直邮等。

（二）搜索引擎

搜索引擎是指根据一定的策略，运用特定的计算机程序从互联网上搜集信息，在对信息进行组织和处理后，将用户检索的相关信息加以展示的系统。目前，我国的搜索引擎以百度、360、搜狗等为代表。

1. 搜索引擎的营销产品

搜索引擎的主要收入来源是搜索引擎广告。搜索引擎广告通常由客户根据自己的产品或服务的内容、特点，确定相关的关键词，撰写广告内容并自主定价投放。当用户搜索广告主投放的关键词时，相应的广告就会展示在搜索结果页面上；当有多个客户购买同一个关键词时，则根据出价高低、关键词质量度等对客户投放广告的位置进行排序。

此外，搜索引擎还会在搜索结果页面和内容页面上投放图片、视频形式的品牌展示类广告，这些广告的展示经过搜索引擎自身的数据库分析和计算，与用户的搜索关键字、页面浏览历史记录（包括搜索记录）等相关联，因此较门户网站的品牌展示类广告更具“精准性”。

为了体现广告产品的“精准”优势，搜索引擎采用以CPC（按点击计费）为主、CPM为辅的方式进行计费，以使广告客户更清晰地量化广告的投入和产出。

2. 搜索引擎的营销管理

本部分以我国最大的搜索引擎——百度为例，来呈现搜索引擎在营销运营管理方面的策略与方法。

百度于2000年在中国创立，发展至今已经涵盖以网络搜索为主的功能性搜索，以贴吧为主的社区搜索，针对各区域、行业的垂直搜索，音乐和视频搜索，以及门户频道、IM等多项服务，并在我国搜索市场占据了超过70%的市场份额。百度的主要盈利来源是营销收入，据百度公司发布的数据显示，2016年，百度总营业收入为705.29亿元（约合101.61亿美元），比2015年增长6.3%。具体而言，百度在营销运营管理方面采用以下方法和策略。

（1）营销思路。百度根据“整合营销之父”唐·舒尔茨（Don E. Schultz）的SIVA理论提出了自己的营销思路：消费者表达需求，不断寻找、修正并最终确定解决方案的过程，就是在S（Solution）—I（Information）—V（Value）—A（Access）构成的模型中不断调整方向、选择新路径并最终找到入口的过程。营销时，借助百度“大数据平台+品牌沟通平台”的双重属性，倾听消费者的问题所在（S），帮助消费者收集解决他们问题的信息（I），关注促使消费者比较的竞品信息（V），引导消费者选择目标营销途径（A）。

（2）部门设置。百度的广告运营部门分为以下三个部分。

①直销。直接对接中小广告主，推广搜索引擎广告业务，在北京、上海、广州、深圳、杭州和佛山6个城市设有分公司，负责该部分业务的具体运营，其收入占据百度总体收入的40%左右。

②渠道。即由百度在二三线城市选择渠道代理商（一般每个地区有两三家代理商）对搜索引擎广告进行统一售卖，百度会对代理商加以考核，并与代理商通过分成方式共享收益，该部分收入占据百度总收入的10%。

③大客户。百度成立了大客户销售部，主要针对全球500强企业和知名广告代理公司开展业务，推广的产品包括搜索引擎广告和品牌展示类广告两类，该部分收入约占百度总收入的20%。

（3）业务流程。依据客户的类别，百度的广告操作流程相应地分为以下两类。

针对中小客户，以“扫街”的方式开拓。百度分公司会通过数据挖掘系统，从中小企业的网页、邮箱等互联网资源中搜寻有价值的客户及联系方式，并建立起相应的销售线索库，定期将客户的数据提交给销售团队。销售团队则按照行业进行分组，对相应的客户采取电话推介、上门约访等销售方式，向其售卖百度的广告产品。如果销售成功，会有相应的支持团队介入，负责对客户提供的关键词进行线上操作、扩展（如推荐给客户其他相关关键词）、优化（对关键词进行修改，增强其与客户广告的相关性），从而为客户提供更好的广告投放方案，促进客户的广告投放。

对于大客户，主要根据客户的习惯以“签框架”或单个项目的形式达成合作。面对知名企业和广告代理公司，若是“签框架”，百度的大客户部销售团队会在年初或年末客户作预算时，与客户签订广告投放框架，规定好一年的广告投放额和可享受的折扣等内容。在框架签订之后，会有专门的运营团队跟进，帮助客户作广告推广策划、活动执行方案等。

（4）竞争策略。百度以搜索引擎和竞价排名广告起步，但竞价排名广告主要吸引的是中小客户的小规模投放，对希望综合、全面展示品牌的大广告主缺乏足够的吸引力，后者仍多倾向于在门户网站上投放展示类广告。为了开发大广告主资源，百度一方面成立了大客户销售部，专门为这些大广告主、知名广告代理公司提供针对性服务；另一方面也根据这些大客户的需求，定制、开发出新的广告产品，并形成一定的运作模式。

第四节　新媒体的风险管理

一、新经济概述

（一）新经济的内涵

1. 对新经济的基本认识

“新经济”这个词本身并不新，早在20世纪90年代末至21世纪初，美国一直在提“新经济”。当时对“新经济”的理解不同，甚至一种美好的观点认为新经济是在信息技术和全球化驱动下呈现高增长、低通胀、低失业率、低财政赤字等特征的经济。但到 2000 年下半年以后，以互联网技术和金融主导的“新经济”泡沫最终破灭，其根本原因是没有把互联网这种技术和制造业结合在一起。离开制造业，仅仅停留在科技发明和金融追逐而衍生出来的经济大多会成为泡沫。如果说在 20 世纪末美国提“新经济”还为时过早，现在由于信息技术的突飞猛进使得信息技术成本大幅度降低、信息技术已与制造业深度融合并广泛地应用，改变着社会经济生活，提“新经济”则是水到渠成。

现在新经济已不再是主要指美国的经济现象，而是指世界范围内新一轮科技和产业革命所驱动的经济活动和经济形态，其技术革命基础虽然还是以互联网、物联网、云计算、大数据、新一代通信等信息技术为主，但还包括智能机器人、增材制造、无人驾驶汽车等智能制造技术，以及以纳米、石墨烯等新材料技术，氢能、燃料电池等清洁能源技术，基因组、干细胞、合成生物等生物技术。新经济既表现为基于这些新技术产生的各类新产业、新业态和新模式，还表现为传统产业与新技术融合发展。具体而言，新经济具备以下四方面的特征。

第一，以信息技术突破应用为主导形成的物理技术、数字技术、生物技术相互渗透的新一轮科技和工业革命，构成了支持新经济发展的技术和产业基础。在新一轮科技和产业革命驱动下，整个工业系统将逐步发生内涵丰富、多层次的巨大变革。现在看来，这种变革表现为四个层面：一是以高效能运算、超级宽带、激光粘结、新材料等为代表的通用技术层面；二是在通用技术基础之上的以人工智能、数字制造、机器人、3D 打印等为代表的制造技术层面；三是以柔性制造系统和可重构的生产系统为代表的各种集成技术系统层面；四是信息物理融合系统层面，而信息物理融合系统正是德国工业 4.0 的目标和要求。与德国工业 4.0 相对应，美国提出的工业互联网，就是把互联网和制造业深度融合，形成一个以智能制造为核心，能够实现个性化定制、智能化生产、网络化协同、服务化转型的工业生产体系。

第二，信息（数据）的可获得性和流动性日益增强，逐步成为独立的生产投入，成为新经济发展的核心要素。人类的社会活动与信息（数据）的产生、采集、传输、分析和利用直接相关，但以前这些信息（数据）独立性和流动性弱。现在随着信息技术的突破发展，信息（数据）的可获得性和独立流动性日益增强，可以独立出来作为新生产要素。信息（数据）不仅逐步成为社会生产活动的独立投入产出要素，而且还可以借助信息物理系统（CPS）等大幅度提升边际效率贡献。正是信息（数据）作为新经济发展的核心要素，一方面拉动了信息基础设施的进一步发展，包括大数据、云技术、互联网、物联网、智能终端、APP等，这些基础设施的进一步发展，必然带来大量投资，从而促进经济增长；另一方面，作为一种供给要素的信息（数据），流动性和可获得性的大幅度提高，进一步引发了大规模社会分工协作方式变化，协作的方式、人与人之间的分工协作方式变了，于是出现了共享经济、网络协同和众包合作等，创造了新的经济增长源泉。

第三，不断创新的社会分工形态和商业模式更适应了消费者的个性化需求，进一步拓展了范围经济的优势，进而成为新经济的效率源泉。以信息（数据）为核心要素、以“云网”为基础设施的新一轮科技和产业革命，大大缓解了信息不对称问题，降低了企业组织生产协作的成本，促进生产组织和社会分工方式更倾向于社会化、网络化、平台化、扁平化、小微化，大规模定制生产和个性化定制生产日益成为主流制造范式，不仅适应消费者的个性化需求，而且企业组织边界日益模糊，基于平台的共享经济和个体创新创业获得巨大的发展空间，从而促进了新经济的快速发展。从本质上来说，新经济的发展实际是发挥了范围经济的作用，范围经济成为新经济的主要效率源泉。

第四，以智能制造为先导、一二三产业逐步融合，是新经济的产业体系特征。在新工业革命背景下，工业化和信息化深度融合，三次产业边界日趋模糊，新技术、新产品、新业态、新模式不断涌现，现代产业体系的内涵正在发生变化，它正沿着数字化、网络化、智能化的发展主线不断演进，现代产业体系的最终方向是智能化，并进一步支持了整个社会向智能化方向转型。

2. 新经济给我国带来的机遇与挑战

进入“十三五”以后，我国已经步入工业化后期，正处于经济结构转型升级的关键时期，而构成新经济的新技术、新产业、新业态和新模式，为我国产业从低端走向中高端奠定了技术经济基础和指明了发展方向，为我国科学制订产业发展战略、加快转型升级、增强发展主动权提供了重要机遇。与以前积贫积弱的国情不同，我国的综合国力已居世界前列，已经形成了完备的产业体系和庞大的制造基础，成为全球制造业第一大国。同时，我国具有规模超大、需求多样的国内市场，也为新经济发展提供了广阔的空间。近年来，我国电子商务取得快速发展，增速远远超越其他发达国家，就得益于这样的市场优势。因此，面对新经济大潮，我国可以乘势而上，抢抓机遇，推进工业化和信息化的深度融合，从而实现跨越式发展。

近几年的经济运行实践也表明了这一点。与我国经济发展阶段相适应，“十三五”期间，我国GDP增速从高速逐年下降到中高速，2018年GDP增速为6.7%，2019年进一步下降为6.1%，规模以上工业增加值增速2019年为5.7%。在整体经济下行压力下，新经济增长迅速，与信息产业、高新技术等相关的经济都增长迅速，电子信息、生物医药、智能制造、节能环保、新能源和新材料等相关产品迅猛发展。2019年制造业中的高技术产业增加值比上年增长8.8%，比规模以上工业快3.1个百分点，占规模以上工业比重为14.4%，比上年提高0.5个百分点。2019年战略性新兴产业和装备制造业同比分别增长8.4%和6.7%，分别比规模以上工业快2.7和1个百分点。这表明我国正在努力实现经济增长动能转换，通过抢抓新经济的发展机遇来实现向经济新常态的平稳过渡。

但是，新经济的大潮对我国也是一次前所未有的严峻挑战。一方面，我国发展新经济的整体基础要相对薄弱，我国虽然是经济大国，但不是一个经济强国，这主要表现在我国的经济结构亟待转型升级，我国产业主要还处于国际产业分工链条的低端，我国能够在规模和技术水平方面都具有国际竞争力的大型跨国公司还较少，我国企业生产技术水平和研究开发能力与世界先进水平还有较大的差距，劳动生产率还较低，在出口产品构成中附加值高的技术密集型产品比重低，我国产品质量亟待提高，等等。另一方面，发展新经济，关键在于创新能力，而我国的创新能力与发达工业国的差距巨大，这主要表现在：传统产业中的关键装备、核心零部件和基础软件严重依赖进口和外资企业。据统计，我国95%的高档数控系统、85%的集成电路依赖进口，高端传感器、工业应用软件基本被国外垄断。2019年，我国集成电路芯片进口总额达到3 040亿美元，远超排名第二的原油进口额，但较2018年进口额减少了80亿美元，同比下降2.6%；新兴技术和产业领域全球竞争的制高点掌控不够，支撑产业升级的技术储备明显不足。例如，我国虽然目前已经成为全球第一大机器人产品市场，但工业机器人所需的伺服电机、减速器等基本被欧美和日本企业垄断，国产核心部件在稳定性、寿命、精度、噪声控制等方面仍与国外先进水平存在巨大差距；创新资源协同运作不畅，技术创新链条在一定程度上存在着断裂脱节问题；企业创新能力不足，中小企业创新能力有待提高。在波士顿咨询公司发布的“2021全球最具创新力企业50强”中，我国仅有5家公司入榜，而入选的美国企业达27家。从国际来看，新经济正在重塑国际产业分工体系和竞争格局，发达工业国积极推进“再工业化”战略，利用其在新经济发展中的先发优势，不断强化其在全球竞争优势和价值链的高端位置，逐步形成对我国劳动力低成本优势的替代和产业转型升级高端下压的“双端挤压”态势，不利于我国经济向全球价值链高端攀升。

（二）新经济与网络经济

1. 网络经济的内涵

网络经济是一种建立在计算机网络（特别是Internet）基础之上，以现代信息技术为核心的新的经济形态。它不仅是指以计算机为核心的信息技术产业的兴起和快速增长，也包括以现代计算机技术为基础的整个高新技术产业的崛起和迅猛发展，更包括由于高新技术的推广和运用所引起的传统产业、传统经济部门的深刻的革命性变化和飞跃性发展。因此，不能把网络经济理解为一种独立于传统经济之外、与传统经济完全对立的纯粹的“虚拟”经济。网络经济的虚拟性源于网络的虚拟性，它实际上是一种在传统经济基础上产生的、经过以计算机为核心的现代信息技术提升的高级经济发展形态。

网络经济是建立在国民经济信息化基础之上，各类企业利用信息和网络技术整合各式各样的信息资源，并依托企业内部和外部的信息网络进行动态的商务活动，研发、制造、销售和管理活动所产生的经济。它建立在信息流、物流和资金流的基础之上，依靠网络实现经济。网络经济改变了企业的传统经营模式和经营理念。

网络经济有两个基本要素：经济行为主体的“集”和经济链的“集”。网络经济与其说是由经济行为主体构成，还不如说是由经济行为主体之间的特殊经济联系组成。经济行为主体及他们之间的联系链可以是同质的，也可以是异质的。换言之，经济行为主体及他们之间的联系链可以是同行业的，也可以是不同行业的。

对网络经济可以从狭义和广义两个方面来理解。狭义而言，网络经济主要是指以信息和计算机网络为核心的信息和通信技术的产业群体；广义而言，网络经济主要是指电信、电力、能源、交通运输等网状运行行业构成的产业群体。网络经济学者认为，网络经济已经成为规模经济或范围经济，其经济运作往往涉及一个国家的范围，甚至跨越国界，把几个国家或一个巨大的区域链接在一起。

2. 新经济与网络经济的关联

新经济不简单等同于网络经济。所谓新经济主要是指基于现代信息技术的新产业、新服务和新业态。西方学者最早提出的新经济概念，主要关注于信息技术产业化，而实践大大拓展了新经济的内涵，已经不能用信息技术产业化或互联网产业化来概括。从实际发展来看，新经济主要集中在以下三个层面。

第一，基于新一代信息网络技术融合而成的新兴产业，也就是“互联网+”衍生出来的产业，如移动互联网、云计算、大数据、物联网等与现代制造业结合而形成的新兴产业，特点是定制、体验和智能、远程化、可识别。这其中有三种情况需要关注：一是信息物理融合系统，与此相对应的是机电一体化，智能手机是最典型的，无论其功能怎样完善，说到底还是智能化应用；二是智能技术系统，通过最优和谐化控制，系统能独立地对外界条件作出反应，也能做到“自适应”，在一定程度上优化自己的行为；三是物与服务联网，从通过计算机联网到通过移动终端联网，使得设备乃至服务的关联能够发展成为成功的商业模式，如能源互联网。

第二，新一代信息技术的直接产业化，移动互联网、云计算、大数据、物联网直接产业化，由此而形成的大数据产业、工业互联网、互联网金融、互联网教育等。

第三，基于信息技术的服务和其他服务互联网的系统，由此发展而形成的新服务和新业态，如电子商务、移动医疗服务、云医院、互联网安全产业、智能安防系统。

总的来说，新经济脱胎于互联网，又超越了互联网，虽然互联网技术起到了核心支撑作用，但互联网已难以包容新经济，从一定意义上可以说，新经济是泛互联经济。

当然，这里要特别指出的是，新经济不是去实体化、去制造业化，相反，要通过工业智能化实现产业革命。新经济不同于一般意义上的经济，在技术基础、动力结构、组织模式和运营方式方面都有本质上的不同，如果说，以往产业技术是人的体力的延伸和替代，那么新经济则是人的智力的延伸或替代。

二、新经济背景下新媒体运营的风险管控

（一）新媒体运营中的风险

1. 法律法规方面

从新媒体的发展来看，目前尚处于初期阶段，还未形成一个比较稳定的产业业态。从这个角度进行分析，其所涉及的有关社会、经济等各个方面的要素都具有非常大的不确定性，那么毫无疑问，其生产经营自然也会存在诸多不规范的地方，这些都会让新媒体在运作过程中存在一定的法律风险。由于相关法律法规的制定与完善比新媒体的发展相对滞后，造成了法律制度方面的缺失，这无形之中也阻碍了新媒体的发展。

2. 宏观市场方面

新媒体产业是依托于实体经济的一种新型的文化传播产业，它的发展是与实体经济的兴衰有着密切联系的。在实体经济逐渐衰退的情况下，毋庸置疑，新媒体的消费需求也在慢慢降低。与此同时，由于生产者为了减少成本的付出而开始减少广告的支出，这就使以广告作为主要收入来源的新媒体企业在利润方面受到了严重的损害，这些都是客观存在的，也是需要引起新媒体企业高度重视的。

3. 盈利模式方面

新媒体的盈利风险最主要的表现是盈利模式的不确定性，这是该产业在发展过程中所遇到的最大障碍。作为新媒体，主要依靠广告来盈利，这种单一的模式使其经营的风险大大加强，很难实现产业自身的长久发展及更大的利润获取。

4. 行业垄断方面

目前，新媒体产业的产业链在分工方面还相对比较粗糙，细分不明确，因而给企业的发展造成了较大的风险。另外，在新媒体细分行业，出现了比较严重的垄断情况。这些处于垄断地位的行业通过加强自身的垄断地位，加

大新媒体的利润获取，给一些中小企业造成了很大的压力。

5. 技术需求方面

新媒体产业要想进一步发展，技术是必不可少的，毫无疑问，新媒体对技术的依赖性使其在所难免要面临着技术风险的冲击。从目前的情况来看，新媒体的技术风险主要有：技术创新、技术壁垒、开发新技术的成本比较高等。

6. 人才缺口方面

由于新媒体技术发展迅速，其对于人才的需求也非常高。尤其是在新媒体策划及产品研发、新媒体产品的市场开发及经营等方面的人才更是缺乏。另外，由于新媒体市场的人才流动性比较大，人才及技术的流失比较严重，这种现状导致了其风险的增加。

7. 资本运作方面

新媒体的出现，既是一个新产业的诞生，同时也是一个新的投资机会的出现。新媒体是目前风投市场上的热门行业。由于大家都将目光盯在了这块蛋糕上，那么其竞争自然就会异常激烈，而一旦这种竞争激烈到了某种程度，那么投资最终能够产生的收益便是一个未知数，极有可能出现高投入、低回报的结果，这些都是不争的事实。所以，任何新媒体产业都必须看清形势，只有这样才能够有效规避风险，进而确保不受重创。

（二）应对风险管理的举措

1. 明确新媒体企业的发展定位

对于新媒体企业而言，首先应该做的一件事情就是明确企业的发展定位，因为新媒体产业所涵盖的内容非常多，包括的各种子行业种类也是纷繁复杂，而且各类新媒体的市场环境也均有不同。从这个意义上而言，各个企业决不能一哄而上，而是应该认真分析自身企业的优势，找到最适合自己的定位，只有这样才能够有的放矢，从而规避在运营过程中的一些风险，保障企业不受损失。

2. 关注新媒体的市场发展

在新媒体行业之中，企业的发展开始逐步呈现出大小分化的趋势及特点，业务也开始从市场细分朝着全面覆盖的方向发展，尤其是一些垄断企业通过业务的不断延伸来巩固自己的地位。对于很多中小企业而言，虽然也极有可能具有某一方面的创新优势，但是其在发展过程中的不确定因素太多，且这种单一的业务根本不可能为企业争取到更大的利益。进行风险投资，对于企业而言其根本目的就是获取最大利益，所以在进行风险管理的时候，一定要看清新媒体市场的发展态势，从而把握好时机，在避免风险的同时获取最大的利益。

3. 注重商业运营模式

企业要想发展，商业运营模式是关键。无论是新媒体还是传统媒体，那种以内容作为主体的商业模式已经不能达到盈利的目标，因为过去主要是以广告为主，而那个时代已经一去不复返。如果还在以海量广告作为盈利的主渠道，势必会被社会淘汰。所以，对于企业而言，首先必须要开发具有独特优势的新产品，同时还要注意依靠对自身的管理来对市场形成掌控，这样不仅能够使得企业的自身产品结构得到有效优化，同时能够有效地提高自身的盈利能力及抵御风险的能力。

4. 加强新媒体盈利模式的探究

无论是传统媒体还是新媒体，作为企业来说，必须要盈利，所以规避风险的一个最大保障便是一个好的盈利模式。从目前新媒体企业的主要利润来源来看，前面也有所提及，那就是广告方面的收入。毋庸置疑，这是一种单一的盈利模式，不利于新媒体企业的长期发展及盈利目标的最终实现。所以风险投资在介入新媒体的时候一定要谨慎，关注的焦点应该在无线增值服务、合作分成等盈利模式方面。

5. 建立相应的退出机制

我们在做任何事情之前都应该做好充分准备，既要考虑到有利的一面，也要想到不利的后果。从这个角度来说，在进行新媒体企业的投资时必须要考虑、选择及制订最佳的退出机制，这是企业规避风险、实现利益最大化的一个有力保障。

第六章
传统媒体的战略转型

第一节　传统媒体转型的内涵

一、新经济背景下传统媒体转型的必然性

当前，信息传播随着新媒体新技术的快速发展日益变得高速化、便捷化，而以纸质媒体为代表的传统媒体已经跟不上信息传播的速度，面对发行量下滑、受众减少、影响下降等现实问题，以及数字技术和网络技术逐渐成熟并被广泛应用的现状，传统媒体必须通过与新媒体融合发展、充分利用数字化传播、深度开发新媒体等策略，实现转型发展。

（一）媒体整体格局深刻调整

以互联网、移动客户端为代表的新媒体的迅猛发展，带来了媒体整体格局的深刻调整，总体上使媒体市场容量得到了空前的扩大，但挤压了传统媒体的部分生存空间。一方面，互联网的普及使上网人数大量增长，以往通过纸质媒体获取信息的模式受到挑战；另一方面，全球性的纸质媒体发行量下降趋势不可逆转，我国纸质媒体发行也面临着同样的问题。一些纸质媒体已陷入经营危机，其标志就是广告收入不断减少和部分读者流失。

（二）媒介环境发生巨大变化

传统媒体的媒介环境正因信息容量激增和信息需求更具个性化而发生巨大变化，主要在以下两种样态中表现出来。一是消费者为了追求及时、互动、个性化的信息，更倾向于使用网络，忽略了传统媒体的存在性，致使传统媒体的影响力逐渐下降。中国互联网络信息中心（CNNIC）2021 年 8 月发布的第 48 次《中国互联网络发展状况统计报告》显示，截至 2021 年 6 月，社交应用用户规模为 9.83 亿，在网民中的渗透率为 97.3%，这对纸质媒体造成了不小的冲击，并且手机已超越电脑成为我国网民第一大上网终端，人们获取信息的方式更加方便快捷，对传统媒体的依赖性进一步弱化。二是当下求新求变的年轻人更乐于通过互联网获得信息，逐渐游离于传统媒体的影响力范围

之外。在海量信息扑面而来的今天，周期性长、信息更新慢的纸媒已日渐式微，其影响力与新媒体已不可同日而语。

（三）新媒体影响力逐渐增强

随着新媒体的发展壮大，几乎每个人都可以充当信息发布者、评论者、传播者的角色，新媒体的传播力和影响力逐渐增强。

二、新经济背景下传统媒体转型的可行性

新媒体发展繁荣带来的传播革命，其意义可以同机器代替手工劳动的工业革命、谷登堡印刷机代替刻版和手抄相比拟，极大地改变甚至颠覆了传统媒体时代的许多规律和规则。下面笔者将结合近年来国内外传统媒体融合发展、创新转型的各种探索，对在新的传播环境下，传统媒体融合转型的若干重要趋势及其可行性进行梳理和分析。

（一）传统媒体收入转型：重塑内容付费模式

报纸二次售卖理论，经典地解释了报纸收入来源的两个主要渠道，分别是发行和广告。所谓二次售卖，就是报纸先将信息内容售卖给读者，从而获得发行收入；然后将由此凝聚起来的读者的注意力资源售卖给广告商，从而获得广告收入。由此，发行收入和广告收入构成报纸产业的经济支柱。

二次售卖理论虽然解释了报纸收入的来源，但另一方面也遮蔽了大众化报纸流行后，收入结构单一化的事实。

回溯世界报业历史，“便士报”兴起后，报纸产业开始通过与成本严重倒挂的超低价发行甚至免费发行策略，来赢得读者规模最大化，从而争取更多的广告收入。因此，“对商人们来说，报纸出版者的举动十分奇怪，他们卖那些‘煮熟的松树’的价格要比他们买进它们时更为便宜，而他们却获利数以十亿计的美元。广告主也急切地把数以十亿计的美元投入这个好似无利可图的交易上，而他们也获利数以十亿计的美元。所有这些都是为了读者的利益，读者不费什么却有所得”。大众化报纸的经营模式意味着，发行环节其实是亏损的，报纸卖得越多，发行亏损越多，第一次销售其实是“负收入”，其经济来源主要依赖第二次销售获得的高额广告收入。

1. 报纸产业出现“涨价潮”

在新媒体环境下，报纸产业的广告收入迅速下滑，从而无法补贴巨额的发行亏损，被迫调整收入模式。由此，报业市场由前些年的价格大战转为纷纷提高售价。2015 年报刊订阅目录显示，全国调价的邮发报纸达到 600 家左右，接近我国报纸总量的三分之一。

以提高售价的方式解决生存发展危机，也是国外很多纸质媒体的选择。例如，2013 年初，法国的《解放报》《十字架报》《费加罗报》宣布涨价；2014 年初，法国的《巴黎人报》《解放报》和《世界报》零售价上涨，其中《世界报》以每份 2 欧元的价格成为法国最贵的报纸；美国的《新闻周刊》纸质版在停刊 1 年后，于 2014 年重归市场，一项重要变革就是每期售价提高到 7.99 美元，或每年 150 美元，远高于大多数主流周刊每年订阅费用低于 20 美元的价格。

纸质媒体销售价格上涨，是在原有经营模式不能维持的情况下，为取得新的经济平衡所采取的应急办法。正如法国的《解放报》《十字架报》《费加罗报》宣布的提价理由：“我们必须保证业务的经济平衡，以此确保我们每天在报纸上和数字媒体上提供的信息能有最好的质量。”《纽约时报》认为其理想的收入模式是发行、广告收入各占一半。英国经济学人集团认为，依赖广告的商业模式在西方市场上是行不通的。2010 年英国经济学人集团的广告收入还占到 50%左右，而 2015 年只有不到 30%，另外 70%是订阅收入。经济学人集团判断，今后传统纸质媒体的广告收入占比会越来越少，甚至可能在 2025 年以后降为 0。

2. 报纸涨价的意义：新闻有价，不应免费

如果说廉价的大众化报纸还是以一种隐性方式为读者免费提供新闻的话，互联网的崛起则更加直白地告诉新闻消费者，新闻是免费易得的，并且促使受众养成了免费消费的习惯。习惯一旦养成，再改变就很困难。因此，报纸涨价是否能够缓解危机，或者反而进一步加剧危机，还有待进一步观察。但纸媒“涨价潮”背后的意义值得重视，它蕴含了理念转变：新闻应当是有价值的，有价值的产品应该卖个好价钱。

3. 多种方式体现内容的经济价值

除了涨价策略，以传统纸媒为代表的新闻业还通过多种方式重启内容收费模式，阐发新闻有价不可免费的理念，培育读者新的阅读和消费习惯。

（1）数字版阅读收费模式。2014 年 1 月 1 日，“上海观察”正式上线，它的一个创新性探索就是采用了收费阅读的模式。“上海观察”约有 60% 的内容可以免费阅读，但想阅读剩余 40% “最有价值”的文字，则需要用户支付 10 元/月或 100 元/年的订阅费。至 2014 年 6 月，“上海观察” APP 的下载量达到 25.3 万次，付费订户总量有近 16 万人。

2014 年底，《南方都市报》宣布对其数字产品南都数字报（epaper.nandu.com）开启收费阅读模式，用户要想无限制地阅读数字报中的内容，需在注册用户后付费订阅，订阅价格分别为 30 元/月，90 元/季度，360 元/年。

从西方媒体的实践来看，设立“付费墙”已经是很多媒体的选择。《纽约时报》于 2007 年重启“付费墙”，很快取得明显成效，2013 年的订阅收入以 54% 的占比超过了占比 40% 的广告收入。据美国皮尤研究中心（Pew Research Center）的调查，美国报业在 2012 年纷纷施行“付费墙”计划，报业当年的发行总收入增加 5%，这是自 2003 年以来，美国报业发行收入增长首次转负为正。至 2015 年末，1 000 多家日报建立了或计划实施数字支付方案，包括一直以来反对建立“付费墙”的《华盛顿邮报》和数字第一传媒集团。

（2）版权收费模式。改变读者的消费习惯是非常困难的。在多年来形成的新闻免费阅读观念深入人心的情况下，收费阅读面临着巨大的挑战。相对而言，增加版权费用收入，则是更加务实的办法。

版权收费模式不是直接向读者收费，而是向转载、使用自己内容的媒体（主要是新媒体）收费。中国互联网上绝大部分新闻信息都是由传统媒体生产的，但是，在版权保护方面一直不够重视。一方面，报纸在有价销售的同时还在网上免费发布自己的电子版；另一方面，门户网站、搜索引擎、聚合型 APP 等以极低的价格甚至免费使用传统媒体的内容，这些都使传统媒体的内容生产成本和版权收益不成比例。随着报纸产业生存日益艰难，版权保护意识、版权价值变现意识会日益强烈，版权费用也将成为报纸产业收入的重要部分。

（3）争取非市场性收入。在广告收入下降的同时，即便内容收入有所提升，但仍难以彻底解决传统媒体面临的经济压力。寻求其他非市场性收入来源，越来越受到传统媒体的重视。

对于新闻来说，作为一种文化产品，它从来都不是纯粹意义上的商品。无论中西方新闻人，都不得不承认，新闻产品所负有的社会价值、教化功能，应优先于其市场价值、盈利功能。因此，为了保存并发扬新闻产品的社会价值和教化价值，可以采用非市场化形式的收入来扶持、资助新闻媒体。

对于我国媒体，特别是党报党刊来说，担负着宣传党的路线方针政策、引导社会舆论的重任，对于那些能够提供优质、有效宣传的媒体，有必要给予一定的政府扶持与资助。

西方新闻业认为，媒体具有公共性，是维持民主社会良好运转的关键。因此，近年来呼吁政府、基金会等对传统媒体进行资助与扶持的声音不绝于耳。

（二）内容转型：重塑新闻专业价值

如上所述，如果传统媒体的主要收入来源转为阅读收费，必然意味着媒体需要提供更多附加值高、可替代性低的内容产品，才能让用户心甘情愿地付费阅读。因此，收入结构的变化将“倒逼”传统媒体内容质量的提升。因此，在媒介融合转型中，虽然可能出现媒介平台的转移，但以内容为核心竞争力的媒体，在互联网新媒体环境下并未丧失价值。

那么，传统媒体如何取得内容优势？我们认为，当前最重要的就是重塑新闻专业价值，实现精英化、精品化、精准化传播。

1. 传播主体精英化

互联网被称为二十世纪最伟大的发明，其优势很多，如信息海量、即时发布、互动性强、多媒体传播等，但对于报纸等传统媒体来说，互联网最具根本性、颠覆性的特点，其实还是打破了过去传统媒体对传播渠道的垄断权和控制权，不但有门户网站、搜索引擎、聚合性新媒体涉足新闻传播，而且出现了“人人都是记者”“人人都有麦克风”“人人都是新闻发言人”的众声喧哗的景象。

因此，有学者认为，以互联网为中心的“技术丛”促生了一个人类新闻活动新时代的诞生，这就是新闻传播“共”时代。从主体角度观察，职业新闻传播主体、民众个体传播主体和非职业、非民众个体的组织（群体）传播主体原则上都能够向整个社会进行公开化的传播，即它们都能以公共化、社会化的身份展开新闻传播。新闻活动“共”时代的开创，具体表现为：“共享”新闻资源时代的到来，“共产”新闻文本时代的开启，“共绘”新闻图景时代的降临和“共同”新闻主体时代的开辟。

在行业壁垒、专业壁垒都不复昨日的情况下，新的竞争者数量激增，其传播信息的可替代性越来越强，以新闻生产作为核心竞争力的传统媒体机构势必受到严重冲击，这是新闻传播“共”时代新传播格局的基本特点。但是，新闻传播“共”时代的到来，并没有颠覆精英传播格局。以新浪微博为例，有数据分析发现，只有大约1%的人发原创帖，有9%的用户转发评论，剩余90%的用户只看不发言。据2015年国外在线营销平台Unruly追踪的数据显示，大约有17.9%的用户贡献了社交网络上82.4%的视频。通过观察能够发现，在腾讯视频、优酷、爱奇艺等视频网站上，有大量用户自主创作的内容，但绝大多数原创内容的浏览量极低，人们主要看的还是那些专业团队制作的大片、连续剧。

也就是说，在新闻传播“共”时代，10%的人生产内容给90%的人看的规律并没有被改变，专业传播的价值仍然存在。当然，由于传播垄断被打破，传播门槛降低，专业传播者未必都是职业媒体人。职业媒体人也必须通过专业的表现，获得融合发展的空间。

2. 内容生产精品化

就像“长尾理论”提出者克里斯·安德森（Chris Anderson）说的，虽然互联网经济是免费经济，但“人们愿意为节省时间买单，人们愿意为降低风险买单，人们愿意为他们喜欢的东西买单，人们愿意为获得相应的身份或地位而付出金钱的代价。一旦他们为此着迷，如果你让他们付钱，他们愿意掏腰包……”对于媒体转型来说，要想让读者付出阅读费用，关键是提高媒体的内容价值，也就是说要有精品化的内容。

目前，深入的专业的报道，已经成为很多媒体努力的方向。此外，体现精品化价值的还包括专业媒体的筛选能力。在新媒体环境下，社交推荐（如微博、微信）、算法推荐（如今日头条）大行其道，但并不意味着专业编辑推荐就丧失了价值。特别是信息超载、信息泛滥的生态使人们难辨优劣、无所适从，而记者、编辑等作为“把关人”，用专业的眼光和素养，过滤、审视和改写信息，把最精华、最精彩的精品信息提供给受众，让受众在最短的时间里获得最有价值的信息，这是一种难以替代的市场价值。

在传统纸媒发行量普遍下滑的态势下，每期只有对开8个版的《新华每日电讯》却逆势上扬，2011年初宣布发行量突破100万份，2015年发行量突破200万份，该报成功的秘诀在于“为读者当新闻秘书、替读者选新闻精品”。

在新媒体领域，也不断有“出售”专业选择能力的尝试。例如，2014年底英国《经济学人》推出了浓缩版“经济学人（The Economist Expresso）”APP，其每个工作日仅推荐五条新闻，每条新闻的篇幅也非常短，基本不会超过140个词。除了新闻，还有一篇世界新闻摘要和全球股市指数、汇率的总览页。这款应用首月免费试用，但以后就要每月支付3.99美元才能完整阅读。

The Browser是一个由《金融时报》和《经济学人》前编辑罗伯特·考特里尔（Robert Cottrell）制作的网站。考特里尔每天大约浏览1 000篇文章，然后将其中的五六篇发布给自己的7 000名订户，这些订户每年需要支付20美元来阅读这些文章。考特里尔说：“我们确实站到了计算机算法的对立面。”人工智能最终可能会在内容挑选方面实现不俗的效果，但现在来看，电脑只能通过网络搜集信息，相对于人类而言，这种数据太过“贫瘠”。

3. 传播对象精准化

新媒体时代，传统媒体向付费阅读、精品化传播转型，随之而来的必然是受众规模的下降，以及传播对象的小众化、窄众化。

大众化媒体意味着要讨好所有受众，而每一个受众的阅读兴趣却是不同的，于是媒体就要不断扩张容量，把受众可能感兴趣的内容都搜罗进去。这种模式，过去被称为“新闻超市”“一站式购齐”，但其实每一次扩容，对每一位受众都意味着有效信息比例的缩减，同时也意味着与其他媒体同质化程度的提高。

网络环境的开放、互通，使同质化的、大众化的内容急剧贬值，同时“大众”迅速被解构为小众、个众，出现部落化、社群化的形态。重新明确自己的市场定位，实现传播内容的精准匹配，才能使传播有效化。而且，借助数据挖掘、追踪技术的发展，精准化传播的可行性变得越来越高。

（三）流程转型：确立“数字第一”规则

互联网新媒体的出现是一场全新传播生产力的革命，旧的生产关系已经无法适应新的生产力的发展，甚至经常成为发展的阻力与桎梏，必须加以改造。因此，原中央宣传部部长刘奇葆提出体制机制改革的要求：“推动媒体融合发展，既需要进行技术升级、平台拓展、内容创新，也需要对组织结构、传播体系和管理体制作出深刻的调整和完善。从目前情况来看，我们的一些体制机制还不能适应融合发展的要求，束缚了新闻生产力的发展。”机制、体制变革是一个很大的话题，在这里笔者仅从新闻生产流程的角度加以阐述。

传统媒体涉足互联网新媒体的初期，报纸仍是盈利的主要来源。因此，媒体机构大多将网络版本作为纸质媒体的延伸，无论流程设计还是制度安排，都以传统纸质媒体为中心。但是在传统媒体转型过程中，由于“原主流模式创造价值的能力正在衰退……新老产业间建立的合作伙伴关系也可能宣告解体”。因此，美国《华尔街日报》《纽约时报》《今日美国》，英国《卫报》《金融时报》等，陆续开展数字优先（Digital First）的改革，将数字化新闻、网络新媒体作为发展战略的核心。其中首先转变的，就是生产流程。

以传统媒体为中心的战略中，为避免传统媒体受众群流失，新闻的采写与发布都以传统纸质媒体为中心，纸质媒体付印后才发布上网。但是数字优先的新闻采写和发布机制与之相反，一旦获得新闻，首先会在各种新媒体终端发布。

例如，以前英国《卫报》的独家新闻大多优先给纸质版刊出，现在绝大部分都首先刊登在网站上。美国《纽约时报》网站的稿件几乎都比纸质版的提前一天刊出，第二天纸质版的头版和网络版差不多，但是纸质版的文章比较精练，而网络版会把全文放上去。《今日美国》也是如此，总编辑戴维·卡拉维（David Callaway）说：“一天结束，网络上最火爆的新闻则会进入印刷版”“纸版基本没有原创的内容了”。上报集团成立后推出的新媒体项目“澎湃新闻”与其母体《东方早报》的关系，也体现了数字优先的原则。“澎湃新闻”上线后，《东方早报》只保留了编辑团队，原来报纸所属的全部记者都同时是“澎湃新闻”的记者，他们采写的新闻都首先在“澎湃新闻”及相关微信号等终端发布。

数字优先，并不意味着放弃传统媒体，而且恰恰相反，是要通过精写、精编，实现传统媒体的精品化，与新媒体实现功能差异化。如美国《华尔街日报》曾报道过一家消费电子类上市公司业绩不佳，先在网站上发表了一篇短文，报道关于其收入等基本事实，稍后记者详细研究了这条新闻，在第二天的《华尔街日报》头版刊发了长篇解释性报道，指出这家上市公司表现不佳，收入下滑，主要是由于高清晰电视销售量的迅速下跌，并分析了这种下跌对制造商、零售商和消费者的不同影响。时任《华尔街日报》总编辑说，在报纸的内容上，我们现在很强调做解释性新闻，侧重报道和分析趋势，而不是基本事实。对于那些想迅速知道收入、利润等基本新闻事实的人，可以去浏览“华尔街日报”网站。数字优先也要求改变原有的传统媒体与新媒体分立并行的“两张皮”的组织架构。新的融合编辑部的组织架构中，所有记者都是全媒体记者，既要对传统媒体发稿，同时也要对网站、客户端、微信等新型媒体终端发稿。编辑部里，纸质媒体编辑、新媒体编辑、文字编辑、音视频编辑、技术编辑都在一起工作，相互之间协调配合。编辑部空间布局也打破了原有的各部门独立运行的状态，按照平台化、透明化、移动化的原则打造集线器式空间布局。

例如，美国《得梅因纪事报》的集线器式办公室取名“任务处理中心”，由编辑部中间的两个同心半圆组成，编辑部的所有条线（本地、体育、经济、深度调查等）分布在周围。每个辐射圈的起点安排一个编辑，半圆的前排是数字团队和突发新闻记者，后排包括数字突发新闻编辑和任务派发编辑。无论是编辑部空间形态的变化，还是表面上的改革，其实质仍然是新闻文化、观念的变革。传统的格子间式的编辑部空间，体现了传统媒体“深思熟虑”的文化——记者、编辑在相对封闭、独立的空间里安静地整理思路、打电话补充采访、撰写或编辑稿件，最后的产品也是相对完美的、结论式的。而集线器式的空间布局则体现了融合传媒的文化，是开放的、透明的，也是嘈杂的、快节奏的、点滴更新式的，改变了原来各个部门各自为战的格局，更强调跨界互动合作。

（四）融合转型：打造文化产业传媒集团

上面探讨的媒体转型的三个方面，主要还是立足于新传播环境下传统媒体的再造而展开的。在新传播革命的深刻冲击下，要想建设“形态多样、手段先进、具有竞争力的新型主流媒体”，建设“拥有强大实力和传播力、公信力、影响力的新型媒体集团，形成立体多样、融合发展的现代传播体系”，仅仅实现传统媒体的转型发展还远远不够。而且，传统媒体介质形态的衰落势不可挡，传统媒体所代表的传播生产力、生产关系，在调整中也不可避免地日益小众化、非主流化。在此形势下，媒体集团肩负着在新的领域开拓事业，形成新的经济增长点的重任。

所谓融合，意味着边际界限的模糊、交叉、突破、浸润。要建设新型主流传媒集团，形成主流传播实力，不但要有媒介介质的融合，更重要的是实现在移动互联网环境下的产品形态的融合、经营模式的融合、产业发展的融合，有更大胆、更具突破性、更深层次的探索。

1. 核心竞争力转型：从“内容生产商”到“平台运营商”

很多传统媒体提出，要做内容生产商，这当然是有价值的竞争策略选择。

但是在新媒体环境下，如果仅以内容生产商为核心竞争力，很难占据主流地位。

新媒体的崛起，让内容生产和传播渠道分离，传统媒体采写编发的报道，读者也可以通过新浪、腾讯、网易、今日头条等新媒体渠道看到。如果媒体仅仅固守内容生产，将会失去与用户的直接联系。

因此，在建设新主流传媒集团的融合发展中，有必要拓宽眼界，打破固守“内容生产商”定位的思路，以“平台运营商”为融合发展的重点。

2. 产品形态转型：从媒体产品到泛媒体产品

我们习惯于将互联网、新媒体理解为一种新型传播媒介，但实际上，互联网新媒体具有全功能、全覆盖的特点，已经成为人们日常生活中不可缺少的组成部分。因此，才会出现新媒体颠覆传统媒体、颠覆传统金融业、颠覆传统零售业等连锁性产业大变革。

对于媒体融合来说，也有必要从一贯的媒体本位放开眼界，适应泛媒体时代的到来。

所谓泛媒体时代，就是由于新型媒体的日常化、生活化，无时不在，无处不在，使信息传播（也包括新闻传播）呈现一种泛在状态。也就是说，新闻传播不再以过去专门的、特定的方式完成，如年轻人不再通过报纸、电视新闻节目、新闻客户端获取新闻，而是通过微博、微信、搜索引擎、移动屏等了解新闻，提供新闻传播的也不再仅仅是那些专业的、专门化的媒体，如京东之类的电商平台、淘宝旺旺之类的聊天工具，甚至网络游戏、杀毒软件等都成为新闻信息提供者。随着物联网的发展，甚至在手表、冰箱、桌面上都可以看到新闻。

在泛媒体时代，传媒融合也需跳出传统的媒体发展思路（多媒体、全媒体），密切结合泛媒传播的特点，实现融合发展。就像时任上海报业集团社长裘新说的，媒体融合对我们来讲可能要分成两个阶段走：第一步，我们要做一个互联网的媒体产品；第二步，我们再往前走，做一个媒体的互联网产品。在第一个阶段里面，这个产品本质还是媒体，互联网只不过是个定语。“澎湃新闻”也好、“上海观察”也好，不过从报纸变成基于PC、移动端的互联网媒体。

3. 经营模式转型：从规模经济、范围经济到微创新、微创业

近二十年来，中国传媒业一直以集团化发展为目标，这一发展路径有其合理性。从国家战略层面来看，这是增强国家传播实力的重要方式；更重要的，是由于传统媒体属于高投入、高风险、高产出型的产业，传媒经营遵循规模经济、范围经济规律。

但是，新媒体产业则呈现不同的经济规律。世界范围内固然有谷歌、百度那样高投入、高风险、高产出型企业，但更多的，是那些低投入、低风险，也能获得不菲收入的新媒体企业。在新媒体经济规律下，微创新、微创业的意义更为重要。正如法国《回声报》数字运营部总监弗雷德里克·菲洛（Frederic Filloux）所说的："如今，规模更小的、只做数字业务的媒体机构正在兴起，它们正在缩小与传统媒体的差距。另外，随着人们阅读越来倾向短时间和碎片化，传统媒体机构在规模上的优势将无法持续太久。""网络文化"的发言人凯文·凯利（Kevin Kelly）有句名言：只要有 1 000 个绝对忠诚粉丝的支持，就能维持体面的生活。网络经济的特点是：收入和成本都比较低。确切地说是成本曲线被拉长了，启动媒体业务所需的高昂的原始投资减少了。互联网的长尾效应所形成的大规模用户群，使微创新、微创业的成功可能性及其价值大大提高了。

例如，在"澎湃新闻"正式上线前，就以《东方早报》采编团队为小组，开办了一系列微信公众平台，包括"饭局阅读""打虎记""一号专案""纸牌屋""有戏"等，在没有增加多少采编成本的情况下，完成了各类资讯提供者、各类受众兴趣的跑马圈地。而在"澎湃新闻"正式上线后，所有微信方阵内容以此为航母基地，协同作战，声势浩大，呈现一鸣惊人的效果。

国内外新媒体领域的实践也证明，那些专注某个细小领域，提供最专业、最细致的信息服务，低成本运营的媒体最易获得成功。皮尤研究中心（Pew Research Center）在针对全美 438 家新兴数字新闻媒体的调查中发现，一半以上新兴数字新闻媒体仅有 3 名或更少的员工。传媒集团在融合转型过程中，也应适应新媒体经济模式，鼓励那些以灵活方式开展微创新、微创业的探索，向"低成本、小制作"企业模式转型。

4. 发展战略转型：从传媒集团到文化产业集团

跨行业、跨产业发展，在国内外传媒集团早已广泛展开。虽然对此还有不同意见，甚至有不是"转型"而是"转场"的质疑，但出于媒体经济危机的

压力，越来越多的媒体开始开辟其他产业领域的业务。

在国外，美国《纽约时报》和英国《每日电讯报》，都推出了葡萄酒俱乐部。像很多德国报纸一样，加拿大的《环球邮报》提供品牌游轮之旅，记者会在船上以主讲嘉宾的身份出现。西班牙的体育报纸《马卡报》，承诺让读者在耐克足球鞋新款上市之前优先购买。瑞典《晚报》，运营着一种非常受欢迎的减肥俱乐部，它已授权给其他几家欧洲的报纸，其中包括德国的《时代周报》。有些报业集团还经营网上书店，主办会议和读者活动，并提供教育服务等。从国内传媒行业来看，已经出现资本运营型、地产支撑型、电商发展型等多种产业延伸模式。例如，浙报传媒进军资本市场，收购游戏产业，收益不菲；重庆日报集团等在文化地产领域利润颇丰。2014 年被称为“传统媒体电商年”，全国 80 多家媒体设立了自己的电商平台，有些媒体在当时已经取得不错的效益。

虽然从产业部门来说似乎偏离了传媒主业，但深入考察之后发现，在其他产业领域的成功无不是紧紧依托主业优势。以蜂拥而起的传媒电商为例，其优势就在于媒体多年积累的受众群和公信力，在某些垂直细分领域比较容易形成销售入口，如国际时尚媒体巨头康泰纳仕集团旗下多种时尚刊物都有自己的在线商店，主要销售服饰、化妆品等奢侈品。有些媒体还有自己的发行队伍，并兼营物流配送。

在国家大力倡导传媒融合发展的背景下，在互联网环境下产业融合的驱动下，从传媒集团向文化产业集团发展，已是大势所趋。例如，上海报业集团成立一年后，经过深入探索，明确了未来发展“三步走”的战略目标：第一步是要成为中国最具影响力和竞争力的报业集团，第二步是率先实现向新型主流媒体转型，第三步是打造互联网时代的文化传媒产业集团。应当说，这不仅是上海报业集团的选择，也代表了传媒集团在新媒体环境下奋发有为、创新转型、融合发展的重要方向。

三、传统媒体转型的概念与主要类型

在当今这样一个全媒体时代，“媒体”的范畴日益扩大，除了传统的报纸、电视、电台、杂志，还包括许多新兴媒体，如网络、手机等。随着新媒体时代的到来，我们面临着一个亟待解决的问题：报纸、电视等传统媒体会迎来终结吗？但即使是业界最资深的专家、学者也无法给出准确答案或解决问题的方向。不过在媒体融合的大背景下，传统媒体将迎来一场颠覆性的变革这一论断，是得到大家广泛认同的。

对传统媒体来说，如今正是艰难转型的关键时期，然而关于转型的观点和看法众说纷纭。之所以意见无法达成一致，是因为对传统媒体转型的概念和方式没有充分、明确、科学的认识。因为对于传统媒体未来的认识是整个转型过程的起点，针对不同的认识要采取不同的方法，如果认为传统媒体前途光明，则只需要进行优化；如果认为传统媒体将穷途末路，就应当刻不容缓地采取相应措施进行转型。

（一）传统媒体转型的概念

1. 媒体融合说

21 世纪初提出的“媒体融合说”，使整个传媒行业都为之一振，似乎这就是传统媒体在当今时代背景下的涅槃之路。传媒行业已经开始尝试，并投入了巨大的物力和财力积极探索这一媒体发展方向，很多传统媒体都采用了发布网站、开通微博、推广移动终端等手段实现媒体融合。自 2012 年下半年开始，中央电视台（2018 年改称为中央广播电视总台）启动了新媒体发展三步走战略，其作为传统电视的权威传播平台，推出了“央视新闻”品牌，在新媒体平台方面实施推广，陆续发布了微博、微信媒体平台，以及新闻客户端。以微博为首的新媒体，成为对重大突发事件、重点报道的优先发布平台，也使得中央电视台的发稿平台从传统电视、国际视通两个对外平台扩展为三个。截至 2017 年，已有超过 3.2 亿人关注订阅了“央视新闻”的三个平台。陆续发布的客户端还有于 2014 年 6 月 11 日正式发布的“新华社发布”，2014 年 6 月 12 日以新面貌正式上线的“人民日报”客户端，2014 年 6 月 16 日由浙江日报报业集团推出的“浙江新闻”移动客户端及《浙江手机报》等。

2. 新媒体工具说

当前，谈到转型的工具，都会提到互联网，具体措施包括多种方式，如“报网互动”“全媒体”“客户端”等。由于载体不同，对传统阅读方式确实带来了影响，但许多学者认为，新媒体仅仅是工具，不是内容，不应该一味地去追捧，我们的阅读仍是“以内容为王”。尤其是尚处于起步阶段的新媒体，很多时候只是起到了“新闻搬运工”的作用，或通过“搬运”传统媒体内容到网络，或网上文章经报刊证实落地来切入媒体舆论场，多半还是纸质媒介内容的简单复制和迁移，但这样还远远不够。

3. 新媒体替代说

实际上，新媒体技术的迅猛发展，加速了信息业和传媒行业之间的融合，而这种融合正成为一种趋势。但是新媒体替代说不仅将新媒体看作工具，而且认为新媒体工具说对互联网本质的认识不足。需要指出的是，互联网是技术手段，但并非仅限于此，它引发了一场系统性的整体革命，影响并改变了人们的生活与思维方式。关于社交媒体，作为美国知名科技博客网站“商业内幕”的联合创始人，亨利·布洛杰特（Henry Blodget）曾提到：“社交媒体的崛起从根本上改变了人们发现信息的方式”“当Facebook（脸书、脸谱）上的10亿用户拥有可自定义的主页后，他们就没有什么理由去看别的网站了。”在旧媒体向新媒体演化方面，“新媒体替代说”认为，这种变迁绝不是融合，而是替代，因为新媒体在功能上没有与传统媒体融合的必要，新媒体完全能够替代传统媒体的功能，这就决定了新媒体必将完全取代传统媒体。可以说只要经过足够长的时间，新媒体终将替代前者。因此，传统媒体应舍弃与新媒体融合的观念，放眼于如何从根本上转型。

近年来，新兴媒体随着5G的加速普及和互联网技术的迅速发展而日益壮大，在这样的背景下，传统媒体的压力也越来越大。但传统媒体也有优势，经过不断的发展变革，其在这个过程中积累了大量的无形资产基础，这也令新媒体望尘莫及。因此，新时代背景下的传统媒体转型，应当以“媒体融合说”为基础，传统媒体应充分运用多年积累起来的优势资源，如品牌、政策、人才、制作、渠道等，适应环境、用户、新技术的变革，积极向新媒体进军，进而形成共生、融合、竞争的局面，通过一系列的创新变革完成转型，实现新旧媒体的共同发展，延续其在当前环境下的传播力，增强传统媒体的影响力。传统媒体与新兴媒体将在较长一段时间内相互借鉴、相互融合，这将不可避免地成为未来媒体的发展方向。

（二）传统媒体转型的主要类型

近年来，新型媒体加快蚕食原本由报刊等传统媒体占据的国内市场。因此众多报刊企业通过多种手段不遗余力地探讨新的生存方式。无论是成功找到了新的商业模式，还是只是在现阶段勉强立足，我们理应尊重先驱者们的探讨和试验，没有他们，在新格局下传统媒体的转变就少了最初的参考和一定程度上的模范。其中最典型的有以下几种。

1. 南方都市报的“全媒体”模式

南方报业传媒集团于 2009 年决定把全媒体战略发展定为其重要战略。在这种布局指导方案下，他们把“南都，无处不在”作为标语，南方都市报成为第一个从传统媒体集团过渡到全媒体集团的试验单位。

南都全媒体集群的目标定位：过渡为新型的媒体企业，成为全媒体数据内容供应方，包括媒介及数据的联合运营方。在数据供应方以上，是数据运营方；在全媒体资源、媒介的持有者以上，是整个全媒体信息平台的供给者；在各种信息的制造方以上，是信息的汇总处，再加上其固有的使命——继承南方都市报原本的媒体职责，为南方都市报的社会及商业价值的媒体文化做宣传。

2. 扬子晚报的“全媒体记者”模式

在扬子晚报大概有以下几个形式的新型媒介：网站、移动增值业务；各种系统的手机客户端、平板电脑客户端、移动互联网、云电视；官方微博（新浪、腾讯）；微信公众号。

（1）新媒体的发展特点：积极调动记者们的积极性；建立起新的相关单位负责监督管理；以官方微博为抓手。

（2）新媒体发布管理：新型的媒体记者是由相关部门根据某些条件选拔出来的。每位工作人员提供一部手机，相关媒体部门提供摄影、导播器材，为编辑们提供笔记本电脑，制订严格的制度和考核方法。

3. 浙江日报报业集团的“孵化器”模式

浙江日报报业集团在 2010 年 10 月底宣布了全媒体转型方案：在未来五年内通过多种手段获得二十亿资金用在公司向全媒体的过渡上。浙江日报报业集团的转型目标是：建成重心服务为信息服务的全国范围内及地域范围内的专业的服务门户，并且变成全球范围内知名的中国文明宣传点。另外，本土媒体圈第一个名为“传媒梦工场”的企业培育基地在这里诞生，有利于各个媒体的过渡和融合。以上为浙江日报报业集团以“全媒体，全国化”为部署后的一连串实际动作。浙江日报报业集团将其在《浙报集团全媒体战略行动计划》中提出的想法作为重点，抓住媒介，努力进行自我改革，完善外联工作，努力运用好孵化器，成功施行向全媒体转变的齐头并进布局和思想。

4. 上海报业集团的“报网融合”模式

为了向全媒体过渡，上海报业集团建立了以新媒体部、数字传播中心为代表的新型部门。在业务上，布局“4i”新媒体产品：i-news（手机报），i-paper（电子报），i-mook（网络数码杂志），i-street（公共新闻视屏），搭建“全媒体多通道数字出版系统”。“4i”新媒体产品可以实现企业拥有资源和媒体市场需求两者之间的数据共享和信息往来，它最重要的作用就是把传统的纸质媒体上的信息处理成为网络化的数据，并且存储到相关数据库里面，然后依据不同媒体市场的需要，迅速地把数据库里的数据以板块化的排版编辑，转换为各种形式的新媒体内容，客户可以运用互联网、移动客户端等媒介获取这些内容。在这种模式下，新媒体各种流程里的自动化搜集信息数据及多途径、多媒介提供信息内容等都可以顺利进行。

以上四种传统媒体的转型模式中，浙江日报报业集团的“孵化器”模式，其策略不是在微观的内容制作、载体选择上，而是直接走资本运作的道路，虽然现在还不能确定是否能够成功，但值得尝试。只是这条转型之路需要强大的资本来做后盾，对地市报业集团来说，并无可借鉴之处；扬子晚报所采用的“全媒体记者”模式并没有从大局出发，只是单纯地从单个层面对媒体进行转型，实质上并没有对传统媒体进行改革；而南方都市报及上海报业集团的转型模式也没有从本质上展开，只是单纯地将内容进行整合，仍停留在同质发展上，还需朝着专业信息、垂直细分、游戏娱乐、电商销售等业务拓展，应当让传统媒体和新生媒体在不同层面上竞争，做到扬长避短，相互学习，共同发展。

四、转型促使传统媒体生态格局发生结构性转变

近年来，我国媒体生态格局发生了巨大的变化，新媒体覆盖率逐年上升。首先，手机的使用率越来越高，很大一部分人摒弃了杂志这一传播方式；其次，从媒体的受众群来说，网络和手机这两种新兴的媒体传播模式因为便捷等原因，越来越受年轻人的喜爱，然而电视、广播、报纸等传统媒体依然在年龄较大的人群中有较高的覆盖率；最后，从地理位置来说，我国南北之间的媒体传播模式的覆盖率也不尽相同，南方人使用报纸和网络的频率明显高于北方人。

进一步分析传统媒体的转型，我们还会发现以下几个特点：其一，我国大部分的老龄人群都十分偏好电视、报纸传播方式，这两种传播方式的受众人群一直倾向大龄化，所以很难产生新的受众群，必然导致这类传播方式的覆盖率下降；其二，虽然从传统意义来说，广播的受众也是年龄较大者，但是因为我国汽车保有量不断地提高，广播利用车载媒体这一方式，不断年轻化自身的受众群；其三，手机和网络这两种媒体传播方式明显地年轻化，随着人民生活水平的提高，手机和网络的使用率越来越高，使得手机和网络这两种媒体传播方式的覆盖率越来越高，同时伴随着高龄人群手机覆盖率的提升，这两种媒体传播方式受众群必然会由低龄向高龄转变；其四，杂志这一传统媒体的受众人群越来越少，而且这些受众人群存在一个普遍的特点，就是学历高、专业化、精英化。

第二节　传统媒体的战略SWOT分析

SWOT分析法又叫作态势分析法，经常被用于企业的战略布局当中。SWOT分析法从形成到现在，因为其简洁、直观的特点，一直都被应用在企业的战略布局和竞争的分析中。SWOT分析法表明，其分析过程中所采用的矩阵结构，通过整体系统的把控，将企业自身的优势（strength）、劣势（weakness），外部的机会（opportunity）、挑战（threats）相互匹配起来进行综

合分析，这样做有利于领导者和管理者作出更正确、更科学、更全面的战略决策和规划。因此，将传统媒体的各项因素作一个SWOT分析，有利于我们更直观地进行综合分析和制订对策。

一、优势

（一）传统媒体的政策优势及权威性

传统媒体一直以来都因为其官方、权威、真实，而在群众当中广受欢迎。在传统媒体发布的新闻一般都十分准确，尤其是报纸，这种白纸黑字的特点一直带给人们一种浓厚的权威感，甚至有一些传统报纸办刊历史悠久，有着几十甚至上百年的历史，这种历史底蕴和影响力是不能在短时间内消失的。在这种信息来源方式多的形势下，报纸依然是民众获取重大新闻信息的主要媒介。相较于新兴媒体而言，传统媒体有其自身的政治属性，一些传统媒体有着优先报道国家政治新闻的权利，当前很多新兴媒体没有采访权限的事件，传统媒体记者却有优先采访报道的权利，这对于传统媒体来说是一个巨大的优势。

虽然传统媒体的时效性不及新兴媒体，但是对于一些新闻报道的深度及报道的专业性来说，传统媒体一直占据着上风。通常来说，传统媒体是一些重大新闻事件报道的发起者及引领者，其对新闻事件深层次发掘报道上的优势是新兴媒体无法超越的。新兴媒体发布的往往都是一些简讯类的快餐式新闻，然而传统媒体往往在挖掘新闻深层次内容方面下足功夫，为民众提供一些更加全面、更加独到的新闻报道，并在后续报道追踪、新闻评论等方面有巨大的优势。一直以来，传统媒体都是整个媒体行业的意见领袖。此外，现在基本所有的报纸、期刊等都趋于专业化、学术化，越来越多的期刊都倾向于邀请某一领域的学者为其撰稿，所以现在很多期刊都引领着某一学科的发展方向，这些优势也是新兴媒体无法企及的。

（二）专业化运作形成的资源优势和强大公信力

国家在政策上给予传统媒体较大的支持，同时其在获取资源的渠道上比新兴媒体更具优势。传统媒体经历了漫长的发展时期，在这一时期内，传统媒体在人才、设备、机构、人脉网络等各方面均具有较强的资源储备。尤其是传统媒体聚集了一大批优秀的职业化新闻传播工作者，他们既接受过新闻传播工作的专业训练，又接受过职业规范和职业道德方面的专门教育，其所有的工作流程，如收集信息、文字修改、核对、审阅、出版等，均配备了相关技术人才进行监督和管理，给各项操作都带来很好的保障，这些都是网络媒体目前所不具备的。此外，传统媒体在制作、宣传的过程中还必须与其他同行业工作人员和机构或其他相关行业人员进行合作，因此在人脉资源上具有丰富的储备。面对新兴媒体的崛起，传统媒体具有的主要竞争力便是原创实力。尽管新兴媒体占据了大量的媒体传播市场，但是在市场中得以广泛传播的内容大多还是源于传统媒体。

根据相关研究调查报告显示，在对美国多种网络媒体及数以百万计的博客进行分析后发现，其中 80% 的网络链接均来自美国的传统媒体企业；而在统计中的内容中，只有 14% 属于原创内容，有 67% 的新闻都是出自传统媒体；负责站点维护和发布新闻的工作人员，大部分是负责收集传统新闻媒体发布的内容。多所大学的研究也表明：在美国，尽管新兴网络媒体占据了大量的市场，但是其在内容原创上还存在很大的不足，大量的原创内容还必须依赖于传统媒体。

在现阶段，网络媒体形式还处于发展阶段，尽管占据很大的市场，但是其在人才储备和专业素质方面还存在许多不足。同时，新媒体的交互性及每个人都能够传播信息和新闻的重要特点，使得其所发布的信息质量参差不齐。因此，相对于传统媒体来说，其公信度和信息的真实性、专业性、客观性还有待进一步提高。

（三）阅读习惯和便易性带来的广大受众群体

读者在阅读报纸时，不仅可以获悉时事，还能够得到一种阅读的享受，陶冶情操，满足生理和心理上的双重需求。而新兴网络媒体不具备固定的读者，而且读者难以从中获得很好的阅读体验。调查人员对美国五十个城市公民的阅读情况进行分析，得出的结论是，在成年人中，有 54% 的人选择每天阅读一份报纸或以上，而这一比例在 18—24 岁的人群中，也达到了 40%。根据英国当地调查报告显示，在所调查的 16—24 岁的人群中，有 77% 的人觉得报纸在媒体行业中依然占据主要地位，而一部分人选择电台。根据日本的相关调查显示，在所调查的 6 000 位 15—69 岁的人群中，超过 92% 的人会坚持阅读报纸，同时有 93% 的人赞同按时按需送报这一制度，超过 57% 的人能够在一周内坚持5—6天阅读报纸，也就是说几乎每天都有阅读报纸。

从总体上看，从传统媒体获取信息的途径相对较为简便。报纸可以随身携带，方便人们随时阅读。而新兴网络媒体则必须要有能够接入互联网的设备，才能够获取媒体信息。尽管现今的无线网络技术非常发达，许多商场和公共场所均设置有无线网络，但是能够联网的设备是获取信息的必要条件。网络流量及购买设备需要较多的资金投入，这在一定程度上提高了新媒体阅读的门槛。

以上所述因素大大限制了新兴媒体的发展，在大范围普及上还需要克服许多的困难。

二、劣势

（一）受时空约束时效性较差

尽管传统媒体在资源、政策和受众等方面具有明显的优势，但在其他方面，相对于新兴媒体来说，存在很大的不足和劣势。首先，在时效性上，传统媒体存在着很大的不足，一张报纸从最先的素材收集到最后印刷出版、送至读者手中，最少需要一天的时间，这就意味着读者从报纸上阅读的信息是前一天发生的，在时效性方面大打折扣；而新兴网络媒体却能够将最新的信息传输到网络，网民可以在第一时间获取最新的消息和新闻。因此具有很好的时效性。其次，一张报纸所能够承载和包含的信息量相对较少，但现在正处于信息爆炸的时代，每天有大量的信息产生，而报纸媒体难以将所有的大事件加以收集和出版，最终呈现的信息和新闻都是经过一定的选择和编辑的，在新闻的完整性和信息的全面性方面存在着严重的不足。然而，网民可以通过网络获取大量的信息。新媒体工作者将编辑好的新闻和信息制作成超链接发送到网络上，网民进入专门的网站点击超链接便可以获取相应的信息，在信息的获取方面具有相当的自由性。此外，新媒体工作者会将所有的信息和新闻进行分类，极大地方便了网民阅读。

（二）传播方式互动性不强

传统媒体只能够传播文字和图片信息，而新兴网络媒体却能够将音视频信息联合文字信息一同发布，实现音视频、图文之间的自由组合，将信息以立体的形式展现在读者面前。此外，传统媒体只是单向地向读者传递信息，而新兴网络媒体可以实现读者与信息发布者的双向交流。网民既可以充当信息的发送方，也可以作为接收方。同时，传统媒体传播信息的时间是固定的，读者不能够根据自己的时间来安排阅读。而网民能够根据自己的需求随时获取最新的信息，并对其进行及时的反馈。新兴媒体所具有的以上优势是传统媒体所没有的。

三、机会

（一）网络媒体的发展依赖于传统媒体

网络媒体依赖于传统媒体而发展，网络媒体中的很多信息都来源于传统媒体。虽然网络信息来源也很多，但是其真实性不足，很多特别靠谱的信息，仍然来自于传统媒体。

（二）资本运作正在增强

传媒市场包括内容市场、受众市场、发行市场、广告市场。随着中国改革开放的不断深入，报纸产业会愈加地从社会各方面吸收资源，增强自己对人、物、财等方面的管理与掌控，特别是增强对资本的运作，从而迅速增强自己的实力。自从加入了世界贸易组织，中国的媒体产业有了很大的提升和转型，如今正在扩张规模、重组兼并。那些没有市场竞争力的媒体也在不断地被淘汰，这对于报纸行业的优化来说是一个难得的机会。传媒资本通常是通过改制上市、优化组合、资产重组等方式来运作，现如今传媒行业的市场竞争环境非常激烈，资本运作的开展能够整合媒体现有的资源，把可经营性资产盘活，无形资产也得以激活，品牌优势得以发挥，整体资产就会增值。根据有关人士估算，如果媒体引进科学的方法来运作资本，收入将增加一半以上。

四、挑战

（一）传统媒体的公共功能被弱化

传统媒体的历史地位正在渐渐被迅速发展的新媒体取代，传统媒体的出路何在？加快转型是共识。许多转型探索都认为传统媒体应该网络化，他们的想法都是战略大转移。现如今，新媒体的优势太明显，例如，内容包罗万象，传播及时快速，使用方便，受众很多。把传统媒体转向网络是想拥有网络的优势，获得更多的网络读者，可是在获得网络读者的同时，传统媒体可能也就从此消失了。用这种想法来挽救传统媒体，只会加快它的灭亡。

主体性和参与性是公民社会的根本特征，公民的意见需要表达，公共话题需要讨论，公共事务也需要公民参与进来。网络媒体正好满足公民这些需求，而这正是传统媒体所缺乏的。因此在公民想要参与，想要体现自己的主体性的时候，就自然而然地选择了网络媒体。

（二）市场化下媒体的政策定位不清晰

媒体如果要走向产业化，那么就必须深化文化体制改革。现在我国已经进入全面市场化阶段，媒体的改革也不例外，在重组、重建及重构中，必须严格遵循市场化规律。在政策保护下和政治优待下的媒体的确有起跑线上的优势，但是如果要成为媒体产业的龙头，就必须有精确的进入市场的时间、很强的市场适应力和很高的市场化程度，并且必须遵循市场规律。

（三）新媒体对传统媒体的冲击与替代

相比较于前三次的传播革命，第四次传播革命——互联网技术的推广应用，有了更先进的传播载体和介质。实现了文字、声音、图画、影像等多种形态的统一的数字化处理，而且以交互性的传播模式，在理论上实现了任何人在任何时间、任何地点向社会发布任何信息的传播境界。传统的传播者与受众之间的关系发生了很大的转变，传播的格局已经由传播者中心变成了用户中心。新媒体把传统媒体的受众和相关从业者都挖走了，也把传统媒体的主要收入来源——广告给吸收了，这肯定会使传统媒体的发展受到严重阻碍。

近年来，新科技在传媒业有着广泛且深刻的应用，媒体的生存环境、内容、生产方式和受众的阅读习惯，都在随着各种新媒体形式和终端的不断涌现而发生改变。而传统媒体所面临的竞争也越来越激烈，不仅仅是传统媒体之间有竞争，传统媒体和新媒体之间的竞争也在加剧，他们都在争抢着受众、听众及广告商。波特五力模型理论认为，行业中有五种力量能够决定竞争规模和程度，如果应用到传统媒体的竞争环境分析上，与以往比较发生了很大的变化，这些变化主要是：现存者——报纸、电视、广播、杂志之间的竞争，新的电子媒介等终端产品的竞争对手的竞争，网络、手机等新媒体的威胁，以及内容的生产者和消费者口味和兴趣的变化，即供求双方的变化。简单地说，主要有两个方面的变化：一是受众散了；二是媒介多了。最直接的结果就是受众的终端需求更加多元化，导致他们原先的比较完整的阅读时间，现在被分散了。第十八次全国国民阅读调查显示，2020 年我国国民中有 79.4% 的人接触过数字化阅读，有 59.5% 的人阅读纸质图书，有 25.5% 的人阅读报纸，有 18.7% 的人阅读期刊，报纸阅读率和期刊阅读率较 2019 年都有所下降。

第三节　传统媒体战略转型的对策

一、提高传统媒体的传播影响力和政策影响力

尽管新兴网络媒体迅速崛起，占据了大量的市场，然而传统媒体也基于长期经营和发展赢得了许多读者的喜爱和认可，现在依然具有相当庞大的读者群体。为了不失去受众和客户，传统媒体需要完成转型和重生，首先要做的就是提高传播影响力和政策影响力，进一步抓牢自身忠实的受众，以进一步满足受众的信息需求。

传统媒体要实现功能转型，就必须改变以往的内容结构，逐渐向“深度聚合”的内容结构发展。在新兴媒体出现之前，纸媒占据了媒体行业的绝大部分市场，报纸则是新闻和信息的主要载体。在当时，读者能够通过阅读报纸获悉当下发生的最新事件，获取所需的生活咨询。而今，新媒体迅速崛起，网民能够接入互联网，通过手机或电脑获取更全面、更丰富、更立体感的信息，而报纸受到版面限制，其所能传递的信息相对有限，由此丧失竞争优势。在完成功能转型之后，报纸并不只是发布新闻和传递信息，它还将涉及人们生活的方方面面。在内容上，报纸应该做到“深度聚合”，深挖社会公共事务信息和新闻背后所蕴藏的内容，并作全面的调查，避免与网络媒体的优势方面冲突，在其能力不及之处加以发展。

例如，新型网络媒体的一个重要的信息和新闻传播途径是微博，微博时效性较强，然而，微博发布的信息相对较为零碎，相比之下，传统媒体所发布的信息具有很好的完整性和客观性，具有很好的公信度和权威性。近年来，许多社会热点公共事件都反映出这样一个现象，当人们从网络中获取新闻的第一落点——得知事件，对于自己感兴趣的信息会进而搜寻第二落点——了解事件始末，更进而转向权威媒体落实第三落点——求证新闻的真实性和权威说法。这也为传统媒体开辟了一条新的路径——避开一味“抢新闻”，对特定的新闻事件开展深入调查和报道，实现新闻内容的“深度聚合”。在社会公众问题上，传统媒体应该确定自己的立场，唤醒读者的社会认知，将读者从娱乐性的阅读氛围中拉入社会关注性的阅读氛围当中，进而增强传统媒体自身的社会影响力，同时还能够增强其权威性和公信度。

二、报业品牌资源产业化经营

在长期的发展过程中，传统媒体获取利益的渠道多为广告费的收取和自身的发行量。如今，新媒体的崛起，冲击着原本稳定的传统媒体占据主导地位的媒体市场，势必造成传统媒体利益的损失。因此，传统媒体要实现进一步的发展，必须要进行多元化产业链的创建和完善。传统媒体应该发挥所拥有的优势，重视优势产业的投资和拓展。首先，应该将以往的内容影响力打造成为符合时代特点的品牌影响力，将报业资源转变成为产业链的重要组成，实现传统媒体行业的产业化发展。在媒体行业中，广告所带来的收入将会逐渐降低，在整个营收渠道中所占的比例也会逐渐降低，因此应该注重企业本身品牌价值的提升。在传统媒体的产业化转型方面，温州日报报业集团成功完成了集团的产业化转型，并开创了多个涉及文化、数字、生活等领域的产业。品牌价值是产业化发展的根本，是实现传统媒体产业化转型的重要根基。所以，应充分发挥传统纸媒的品牌价值，并在此基础上，发展相关的众多资源，拓宽业务覆盖范围，创建更多的产业，彻底改变以往的单一化发展理念，实现多元化综合发展，为之后的进一步发展奠定坚实的基础。

三、建立适应市场化的运营模式

传统媒体要打破“事业单位，企业经营”的“两张皮”运作，就需要创新机制，建立适应市场化的运营模式。迅速崛起的新媒体产业在市场运作方式、技术开发、内容建构等多个方面同以往的传统媒体具有很大的不同。新兴媒体所制作的产品依靠各个部门的合作和协调，还需要经过技术研发、内容制作、市场需求等多方面的论证，并且在发展的过程当中对现有的运行管理模式作出及时的修改和调整，使之能够满足时刻变化的动态市场，单个部门难以完成这一项庞大的系统化工程。在制作和推出产品的过程中，要将企业所有的资源及在信息传输、新闻报道、编辑制作、素材采集等方面的能力同国家新闻信息市场的及时需求相关联。

四、应对新媒体的转型策略

（一）有高附加值的内容才收费

面对网络媒体带来的挑战，传统媒体应该对以往的经营和管理理念进行调整，实现媒介行业资源的综合利用。首先，要扩大自己的内容优势。部分具有较大内容影响力的传统媒体可以开展其他附加业务，并借助自身建立的平台开展宣传，进而获得更多的附加利益。网络媒体具有相当大的信息空间，因此传统媒体应该将其所掌握的信息素材进行整理、深加工，进而扩展其内容所涉及的领域，增加受众。对内容进行深加工可以借助优质的内容来扩大其影响力，进而吸引更多的广告发行，获取更多的广告收入。

传统媒体在进行产业转型和升级的长期过程中，必然会遇到一个相当棘手的问题，即怎样确定收费的额度。倘若取消收费，势必会造成利益的急剧减少；倘若增加收费，订购报纸的用户量会大大减少。那么，如何才能解决这一问题呢？可以将这一工作分为两个方面，施行差异化收费制度。首先，对于一般的内容施行全面开放制度，进而获得更多的用户量，然后确定优质内容，施行收费阅读制度，以此来缓解上述矛盾。根据相关的统计调查报告，超过13%的用户可以接受网络内容收费制度。《连线》杂志主编克里斯·安德森（Chris Anderson）认为，人们愿意为节省时间买单，倘若他们足够地喜爱一件事情，势必会有相当一部分的人接受适当的收费。在获得一定的内容营收之后，传统媒体应该重视内容品质的提高和升级，在保证原有用户的基础之上，吸引更多的用户，呈现出一个良性的发展循环。

（二）形成能有效聚集用户的平台

在传统媒体的经营和管理理念中，存在着一个固定的思想，即“内容为王”。如今，新兴媒体最重视的是用户体验，若用户能够通过互联网获取最新的信息，同时还能对其进行及时的反馈，势必会获得较好的上网体验。在这一层面，传统媒体应该创建一个数字化传播平台，将其优质内容转化为音视频、图文信息形态上传至平台，借助用户的力量来发掘信息潜在的价值。为实现这一目标，传统媒体应该为公众搭建一个优质的媒体传播平台，提供一个良好的、畅通的信息获取交流渠道。为避免媒体的同质化，可以由一线记者供稿，将所有待编稿件放入待编稿件库，公共视频、网站、手机报、纸质报等多个编辑部门根据自身的特点和实际需求选择性地获取相关内容，随后对内容进行深加工，制作出各式各样的新闻和信息产品。

小米手机的成功“逆袭”是互联网思维应用的一个典型代表，无论是企业老总还是一般员工，都始终将用户作为其工作的中心，采用多种宣传方法，进行多渠道宣传，从而增强了用户的黏度。

（三）加强与数字媒体的合作

传统媒体可以同数字媒体相结合，充分借鉴其所拥有的发展优势，对自身进行全面的整改和升级，以符合市场的发展特点。如将现有的内容进行整合，用于开展电子报纸、手机报、网络报等多种业务，并向数字媒体这一领域不断发展。此外，对员工进行针对性的培训，促使其改变以往的写作习惯和延迟发稿的工作态度，加强其多渠道发稿、滚动发稿、现场写稿的能力。

参考文献

[1] 匡文波. 新媒体概论[M]. 3版. 北京：中国人民大学出版社，2019.

[2] 李林容. 新媒体概论[M]. 北京：法律出版社，2015.

[3] 刘小华，黄洪. 互联网+新媒体：全方位解读新媒体运营模式[M]. 北京：中国经济出版社，2016.

[4] 姜进章. 新媒体管理[M]. 上海：上海交通大学出版社，2012.

[5] 谢少常. 新媒体管理：从战略到布局[M]. 北京：电子工业出版社，2016.

[6] 孙黎，徐凤兰. 新媒体广告[M]. 杭州：浙江大学出版社，2015.

[7] 彭兰. 新媒体导论[M]. 北京：高等教育出版社，2016.

[8] 褚亚玲. 新媒体舆论引导力研究[M]. 北京：团结出版社，2015.

[9] 李卫东. 网络与新媒体应用模式——创新设计及运营战略视角[M]. 北京：高等教育出版社，2015.

[10] 彭振华. 互联网与新媒体时代企业用工管理[M]. 北京：中信出版社，2015.

[11] 胡正荣，唐晓芬，李继东. 新媒体前沿发展报告[M]. 北京：社会科学文献出版社，2014.

[12] 唐乘花. 数字新媒体营销教程[M]. 北京：清华大学出版社，2016.

[13] 刘兴隆，等. "互联网+"微媒体：移动互联时代的新媒体营销密码[M]. 北京：中国铁道出版社，2016.

[14] 金江波. 当代新媒体艺术特征[M]. 北京：清华大学出版社，2016.

[15] 谢耘耕，陈虹. 新媒体与社会（第十五辑）[M]. 北京：社会科学文献出版社，2016.

[16] 仇勇. 新媒体革命：在线时代的媒体，公关与传播[M]. 北京：电子工业出版社，2016.

[17] 路鹃. 新媒体传播中隐私侵权问题及救济路径研究[M]. 北京：清华大学出版社，2016.

[18] 梁小昆. 互联网思维模式下的新媒体[M]. 北京：中国传媒大学出版社，2016.
[19] 陈永东. 赢在新媒体思维：内容产品市场及管理的革命[M]. 北京：人民邮电出版社，2016.
[20] 熊波. 新媒体时代中国电视产业发展研究[D]. 武汉大学，2013.
[21] 倪滕. 新媒体语境下电视新闻报道策略的变化[D]. 安徽大学，2013.
[22] 李娇. 新媒体时代传播媒介的形态延伸对大众阅读方式的影响[D]. 重庆大学，2012.
[23] 张永芹，2012 年移动新媒体新闻客户端影响力研究——以中国内地手机新闻客户端为例[D]. 浙江大学，2012.
[24] 蔡琳. 新媒体的盈利模式研究[D]. 上海交通大学，2014.
[25] 孟培培. 新媒体时代大学生思想政治教育创新研究[D]. 浙江理工大学，2013.
[26] 陈叶绿. 传统媒体转型研究[D]. 华东政法大学，2015.
[27] 郭为. 探寻新媒体时代下传统媒体的转型之路[D]. 浙江传媒学院，2015.
[28] 张雨. 基于互联网时代的新媒体营销探究[D]. 南京财经大学，2015.
[29] 刘建美. 新媒体对科技传播的影响研究[D]. 渤海大学，2013.
[30] 张晓娴. 新媒体时代下报纸的生存状况及出路[D]. 湖南师范大学，2013.
[31] 茹家鹏. 新媒体时代下传统出版单位的数字化转型探究[D]. 河南大学，2013.
[32] 刘志礼. 新媒体时代下的网络文学发展研究[D]. 南京理工大学，2013.
[33] 梁索平. 新媒体时代科学传播的问题和策略研究[D]. 渤海大学，2013.
[34] 汪頔. 新媒体的发展趋势及其对价值观的影响[D]. 复旦大学，2013.
[35] 王珏. 新媒体背景下我国电视新闻媒体的创新研究[D]. 武汉大学，2014.
[36] 吴小玲. 新媒体时代户外广告的互动创意研究[D]. 海南大学，2012.
[37] 许川. 新媒体挑战下交通广播的创新与发展[D]. 山东师范大学，2012.
[38] 张弛. 新媒体影响下的广播电视传媒业经营模式研究[D]. 大连海事大学，2012.

[39] 陈佳伟. 新媒体环境下电视媒体发展问题与策略研究——以中央电视台为例分析[D]. 中央民族大学，2013.
[40] 钟昕. 新媒体对视觉传达的影响及其趋势研究[D]. 沈阳师范大学，2012.
[41] 王蓓蕾. 新媒体与传统媒体议程设置过程的比较研究[D]. 上海外国语大学，2013.
[42] 侯丽丽. 新媒体的互动传播原理与应用研究[D]. 湖北工业大学，2012.
[43] 高敏. 新媒体视域下的湖南卫视“金鹰网”商业模式研究[D]. 广西师范大学，2014.
[44] 刘洁. 论新媒体环境下政府建构公共话语空间的理念及策略[D]. 南京大学，2013.
[45] 陈丽君. 新媒体语境下电视媒体生存策略研究[D]. 南京艺术学院，2015.
[46] 应佳丽. 媒介融合环境下《人民日报》及其新媒体平台的新闻报道研究[D]. 兰州大学，2015.
[47] 崔金浩. 新媒体影视传播中的“屌丝文化”现象解析[D]. 暨南大学，2015.
[48] 潘世瑾. 新媒体环境下微信媒体公众账号中的“去媒体化”现象研究[D]. 浙江传媒学院，2015.
[49] 李卉萌. 新媒体互动艺术下产品交互方式的情感化研究——以移动游戏交互为例[D]. 南京理工大学，2015.
[50] 吴际，朱勇. “新媒体”概念辨析[J]. 新媒体研究，2015，1(12): 12+46.
[51] 彭兰. 好内容不一定能带来用户黏性——新媒体时代服务思维的转变[J]. 新闻与写作，2015(2): 1-1.
[52] 胡永斌，等. 国际教育信息化的现状与趋势——访新媒体联盟CEO拉里·约翰逊博士[J]. 中国电化教育，2015(1): 1-5.
[53] 涂涛，李文. 新媒体与未来教育[J]. 中国电化教育，2015(1): 34-38.
[54] 孟家晖. 新媒体时代广播电视编导的创新改进[J]. 新闻研究导刊，2015(15): 221-221.
[55] 彭兰. 融合时代，新媒体教育向何方[J]. 新闻与写作，2015(3): 5-7.

[56] 付玉辉，2014 年中国新媒体传播研究综述 [J]. 国际新闻界，2015，37（1）：35-46.

[57] 季明，高明. 新媒体对大学生思想政治教育的影响研究——以微信公众号为例 [J]. 江苏高教，2015（4）：114-116.

[58] 冯晓丽，李秀云. 新媒体时代草根体育组织发展的困境与路径选择——以“黎明脚步组织”为例 [J]. 上海体育学院学报，2015，39（2）：36-39.

[59] 王晰巍，等. 国内外新媒体在信息与知识管理领域的应用与比较分析 [J]. 图书情报工作，2015，59（7）：6-13+105.

[60] 丁方舟. “理想”与“新媒体”：中国新闻社群的话语建构与权力关系 [J]. 新闻与传播研究，2015（3）：6-22.

[61] 王晰巍，等. 基于社会网络的新媒体网络舆情信息传播研究——以反腐倡廉话题为例 [J]. 情报杂志，2016，35（3）：103-110+102.

[62] 杨淑娟，刘景景，沈阳. 媒体微信公众平台服务发展现状及对策——基于“新媒体指数”大数据平台的分析 [J]. 新闻与写作，2015（2）：10-14.

[63] 谢新洲. 新媒体将带来六大变革 [J]. 唯实：现代管理，2015（8）：57-58.

[64] 葛瑞桥. 新媒体时代的微信营销策略研究 [J]. 新经济，2015（5）：30-31.

[65] 高昂. 论新媒体时代的传播研究转型 [J]. 新闻研究导刊，2015（13）：289-289.

[66] 范红艳. 新媒体时代的传统媒体发展之路 [J]. 视听，2015（1）：8-9.

[67] 张建敏. 广电媒体的新媒体的发展之路：现状. 困境与路径 [J]. 新闻大学，2015（2）：139-143.

[68] 范雄. 新媒体与传统媒体的互动与融合 [J]. 新闻研究导刊，2015（15）：311-311.

[69] 马莉英. 纸媒微信公众号的新媒体试验 [J]. 传媒观察，2015（1）：49-51.

[70] 周睿. “互联网+”背景下新媒体品牌形象建构研究——以新闻资讯 APP 为例 [J]. 出版科学，2015，23（6）：75-79.

[71] 吉海涛，郭雨梅，郭晓亮. 学术期刊与新媒体的融合：机遇·挑战·对策[J]. 编辑学报，2015，27(5)：412-415.
[72] 王辉. 新媒体时代新闻编辑的媒介素养[J]. 西部广播电视，2015，6(13)：156-156.
[73] 蔡文戈. 新媒体时代下传统广播与新媒体融合发展探究[J]. 新媒体研究，2015(11)：56-57+52.
[74] 管秀云. 传统媒体与新媒体融合的现状与困境[J]. 管理观察，2015(29)：101-103.
[75] 刘博微. 电视新闻报道在新媒体语境下的策略探讨[J]. 品牌：理论月刊，2015(2)：31-31.
[76] 汤小雪. 新媒体营销[J]. 全国商情：经济理论研究，2015(28)：25-26.
[77] 张力文. 新媒体整合营销传播策略[J]. 传媒，2010(8)：52-53.
[78] 陈波. 企业开展新媒体营销对策浅析[J]. 中国商贸，2010(16)：28-29.
[79] 马玲，刘蕊. 新媒体故事营销——互联网时代的品牌传播之道[J]. 东南传播，2012(2)：106-108.
[80] 周凯. 传统图书的新媒体营销渠道及策略研究[J]. 出版科学，2012，20(5)：13-17.
[81] 刘小三. 互联网思维下的新媒体营销探析[J]. 互联网天地，2014(5)：40-43.
[82] 罗玉婷，殷俊. 文化商品的新媒体营销方式分析——以江小白的微博营销为例[J]. 新闻研究导刊，2014(4)：67-69.
[83] 叶晓. 新媒体营销机遇[J]. 声屏世界：广告人，2011(3)：109-110.
[84] 高宏存. 比较视野下网络新媒体管理机制探索[J]. 行政管理改革，2010(12)：75-79.
[85] 姜进章. 创新新媒体的管理方式[J]. 传媒观察，2006(1)：46-47.
[86] 王叶臣. 国际上对新媒体管理的五条“法规”[J]. 中国记者，2011(11)：85-86.
[87] 刘锐. 2014—2015 年我国新媒体管理政策评估与评价[J]. 编辑之友，2016(1)：46-51.
[88] 张峰，匡文波. 对新媒体法制管理的思考[J]. 青年记者，2014(23)：69-70.

[89] 周百义. 出版集团新媒体运营战略[J]. 出版参考，2010(21)：14-15.

[90] 田伟莉. 新媒体的运营管理现状及展望[J]. 中国管理信息化，2012，15(24)：90-92.

[91] 高山冰. 英国第四频道新媒体品牌运营策略[J]. 中国记者，2008(8)：75-76.

[92] 李楠，李向荣. 新媒体运营型媒资系统的建设与分析[J]. 广播与电视技术，2015，42(4)：36+38-40.